心像練習

解鎖心流、超越天賦的致勝心理學

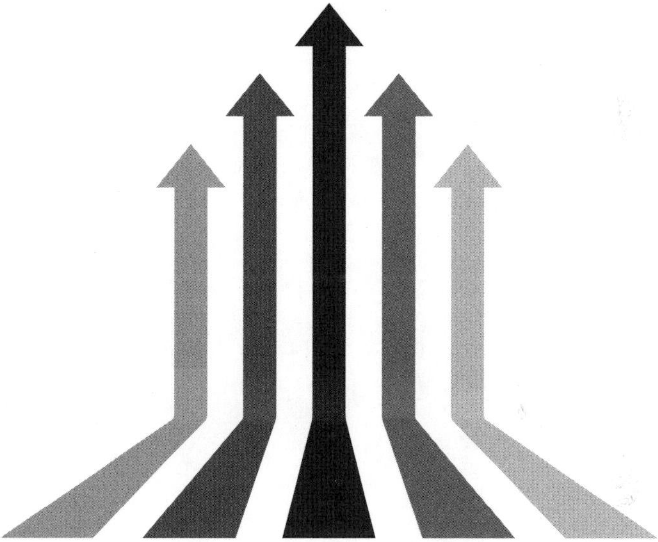

Gary Mack
David Casstevens
著

吳郁芸
譯

MIND GYM
An Athlete's Guide to Inner Excellence

名人推薦

我是高爾夫的狂熱者，我推薦這本書給任何希望提升自己工作效率，或跨越阻礙的所有人。

——丹・奎爾（Dan Quayle），美國前副總統

無論在董事會議室，或者選手休息室，成功的法則都是一樣的。本書不僅是每個有抱負的運動員必讀，也適用於每個希望在自己領域中發光發熱的人。我已經將書中許多概念，應用在我們金融機構的經營上，而且一切順利。

——大衛・海馬克（David Highmark），亞利桑那北方信託銀行董事

蓋瑞・麥克累積了數十年的專業知識和研究，他從中提供了最珍貴的智慧。這本書能

讓你在壓力下依舊無懈可擊，讓你一路克服逆境。

——保羅・斯托爾茲（Paul G. Stoltz），《逆境商數》（*Adversity Quotient*）作者

過去八年來，蓋瑞為我和我的球隊帶來莫大幫助。無論各位是運動員、教練還是經理，本書都能予你助益。

——婁・皮涅拉（Lou Piniella），前西雅圖水手隊經理

想成為冠軍，我相信鍛鍊心智與體能一樣重要。每個人的運動包裡都應該有這本書。

——比爾・珀爾（Bill Pearl），宇宙先生

我無法停下閱讀。這本書就是我們機構裡所做的一切，無論年齡或能力，這是每一個人的競爭。任何參加站上擂台的你，都能從中得到積極正面的學問。

——艾瑞克・威德馬克（Erik Widmark），大峽谷國家比賽機構執行長

身為MVP爸，我推薦這本書給所有想幫助孩子在場上、場下都發揮潛能的父母。

——老葛瑞菲（Ken Griffey Sr.），全明星賽球員、葛瑞菲國際組織執行長

本書是全壘打、觸地得分和灌籃的修練場。

——羅伯特．克蘭格爾（Bob Kriegel），《腦內滑雪》（*inner skiing*）作者

每個人都有一定的天賦，身為運動員，我們必須將潛能最大化。這本書是絕佳的教戰手冊，訓練你的心智，讓你的表現保持巔峰。

——麥克．尼爾（Mike Neil），二〇〇〇年雪梨奧運金牌得主

誰會想到心理層面是如此有趣？這是最簡單、最精準，也最好玩的一本心理輔導書。讀起來妙趣橫生，也很容易理解。

——吉姆．科爾伯恩（Jim Colborn），全明星賽球員、投球教練

蓋瑞能運用故事，指導我們應對生活挑戰，這本書就是一個例子。其中的建議相當精闢，能讓包括運動員、消防員、老師、藝術家或任何人，在個人與工作上都更積極、有效率與健康。它讓你在這一場「人生比賽」中表現更出色。

——丹尼士．康普頓（Dennis Compton），消防局長、暢銷叢書作者

目錄

第二部 心像、夢想與實現

第三部　組建成功心智狀態

第四部　直入心流，你的完美時刻

前言

能掌握的只有自己

我在邁阿密長大，九歲那年我夢想自己有天能成為大聯盟的球員。當時這個心願還不甚具體，我後來放棄棒球、改打籃球時，它就消失了。我想成為下一個魔術強森或賴瑞．柏德（Larry Bird）。接著某一天，我和母親及哥哥談天，而我發現ＮＢＡ幾乎沒有多明尼加運動員。我兩年前還是棒球的逃兵，結果又開始重拾球棒，而我腦海中的那個景象、那個夢又再度向我襲來。模糊的畫面逐漸變得清晰。

我可以告訴你，如果很久之前，我沒有看見自己穿著大聯盟球衣的模樣，就不會有今天的我。我相信夢想的力量。

我也相信心智準備、設定目標再加上努力，一定是相輔相成的。我的心智是我能夠成功的最大原因，也是我能在每一場需要你去證明自我的比賽中維持高水準的原因。正如生活中的一切，在體育運動中，天賦只會推動你到那裡。我則是著重在精神上達到目標。我不想給人感覺自大，但例如一九九六年賽季初，我已經想像自己抱著美聯MVP，還把它高舉過頭。我幻想成為打擊王，並高舉獎盃。我預見我的打擊率為三成八，在我腦海中，我看見出口標誌上閃爍著數字，「.380」……「.380」……「.380」……。

那一年，我以三票之差錯過了MVP，但我成為打擊王。比賽相對容易，真正難的在於準備工作。我在五月的一切付出，讓我在十一月時得到回報。

正如我相信夢想，我也相信「正向強化」與「創造心像」的威力。有好幾個夜晚我上床睡覺時，會告訴自己——搞不好我還講了幾百次：「我打得很好，我打得紮實，我是靠什麼吃飯的？」我在腦海中看見結果，我從球迷的角度看待自己，我在教練席看自己，我從不同的觀點來看自己在球場上的樣子。我相信一個王者要先在腦中奪冠，接著再出場，而不是反過來。這相當強大。

我的賽季很長，從春訓到一百六十二場比賽和季後賽。每項運動的每個運動員都會經歷高峰和低谷。我在低谷時並不擔心，我不以結果去判斷表現，最重要的是我的身心準備。照鏡子時，我會問自己：「你準備好上場了嗎？」如果答案是肯定的，我就有自信了。球一投出來或是被打中，結果就已經不是你所能控制了。

我一九九三年進入職棒開始，就認識蓋瑞．麥克了，他是團隊顧問兼朋友。本書會帶大家一窺世上許許多多一流運動家和教練的心靈與意念，並說明了一個人的心智比賽的重要性。透過閱讀本書，你所學習的課程與心智技能，與我每天使用的一模一樣。無論你在大聯盟、少棒聯盟，或加入任何一場競賽，蓋瑞與這本書都能助你到達一個新的層次。

艾力士．羅德里奎茲（A—ROD）

第一部

意念影響一切

1 50％的成功：心理層面

「一場比賽的九成，都有一半的心理層面。」
——尤吉·貝拉（Yogi Berra），洋基傳奇捕手、教練

「我們必須像訓練身體一樣，去鍛鍊自己的心智。」
——布魯斯·詹納（Bruce Jenner），奧運十項全能冠軍

尤吉·貝拉成為洋基隊的經理時，有個記者問他是否經驗夠充足，貝拉回答：「廢話！我打球已經十八年了，只要用眼睛好好看，就可以觀察到很多，成功就是像這樣用『盯』出來的。」這名寫好稿的記者闔上電腦，邁步離去時的神情還帶著一絲不解，這個狀況好比某一次，有個女服務生詢問尤吉要把披薩切成四片還是八片時，眾人同樣也表情疑惑。

「切成四片好了，」尤吉拿定主意：「我不知道我的肚子塞不塞得下八片。」

我與頂尖運動員和專業運動團隊合作時，經常引用尤吉的妙語與智慧，當成我諮詢服務及演講的開場白，尤吉有一個觀點會讓所有與會人士拍案叫絕、會心一笑，那就是他的數學觀察，他觀察到一場比賽的九成都有一半的心理層面。

請讓我問個問題。你曾否認真思考過這一句有名的尤吉論？一場競賽（你的競賽）有多少比例是心理層面？

我或許能提供些指引，首先要從我引進渥太華的某個國際團體的練習開始說起——該團體包括運動心理學家、奧運選手、專業運動員、教練、音樂家、舞蹈家、太空人、醫生、律師和消防隊長。在完成下述的練習，並回答問題之後，我想你會發現有件事是千真萬確的，正如世界上最頂尖的運動員和其它領域的大師級人物所感知的——那就是**當我們的能力達到一定水準之後，「運用心智的方法」就會變得跟技術或體能一樣重要，兩者至少在程度上是不相上下的**。

現在坐下來，身體放鬆，開始回憶起自己有過的傑出表現，自己當時眼見的、耳聽的，還有感受的又是如何。要用自己心中的那雙眼，創造出心像，回憶自己有史以來人生中最美好的一天，捕捉自己封后稱王的那一刻，還有自己的每項行動和決策都是正確無誤的那個瞬間，似乎一舉一動都是突破。有些運動員和參與者，會把自己人生中最完美的一天，描述為「playing in the zone—進入心流」[1]，而我則是將這一段美好時刻，稱作「白色化境」，後者我們會在之後的章節探討。

不妨想像一下，你正在觀賞自己輝煌人生的電影。你心中全無恐懼、沒有焦慮，也不須自我懷疑，凡事都如你願、事事順你的心。各位可以環顧四周，看看你自己在哪？這是一天中的什麼時候？一年中的什麼時間？自己身上穿著什麼？和誰在一起？有誰是觀眾？你聽到了什麼？深呼吸吧。如果你身在操場或高爾夫球場裡，能嗅到青草的味道嗎？請將這些愉快的體驗具象化。

現在，慢慢讓那個畫面消失，並從原點回憶自己最糟糕的表現。想一想在過往比賽或經驗中，那時你感覺虛弱，完全沒有章法，而且無論多麼努力嘗試，都沒有任何進展。現在再把那段記憶拋在腦後，快速進入到現在。

參考尤吉的名言，現在大家就來比較一下，自己在得意與失意兩種情況下的結果，接著老老實實回答這些問題：**造成表現差異的，有多少比例是跟你的能力有關？**

心理占了多少百分比？

我為專業運動員團隊做心理輔導時，會請所有人全體起立，問是否有人認為自己的「心理狀態佔整體表現的10％以內」，假如有人這麼認為，我會示意他們坐下來。再來，自認比例在20％以內的人，我也會請他們就座。我追問剩下的人：「你們這群人呢？誰認為自己的心理管控是在30％以內？答案是肯定的人請就坐。40％的呢？」

講到50％這一關時，現場至少有一半人依然站著。你也是站著嗎？

如果答案是肯定的，那麼請看我的下一個問題：假如你認為自己最佳和最差表現之間的差異，如尤吉所言，心理層面至少占了50％，那麼你花了多少時間在影響你表現的心智訓練？讀過幾本運動心理學相關書籍？你從「頭腦」教練那裡上了多少課？

正如你在這個練習中所展現的，心智就像是一台錄影機，記錄了畫面與聲音，而且會連續播放。人體會對每一個生動的想像和畫面有所反應，好比它在眼前真實上

1 心流（flow, zone）是由心理學家米哈里．契克森米哈伊（Mihály Csikszentmihályi）提出的理論，描述一種極度專注的體驗，發生時會帶有高度正向的情緒。

演。被惡夢驚醒過的人，一定都知道這個道理。

研究證明，心智訓練不僅可以幫助人更上一層樓、提升生產力，還可以使心情更愉悅。無論年齡，從事何種領域的活動，你都能學習更有效地運用自己的思維。你能學到保持專心，學會處理逆境，在陷入瓶頸時保持動能。讓自己免受致命的干擾。學會如何追尋夢想，找到生活的目標。

實現內在卓越是一個過程，鍛鍊心像能量，正如鍛鍊身體肌肉一樣，需要時間與努力。你對心智所付出的努力越多，顯於外的成果就越豐碩。首先你必須承諾。就像尤吉所言，當你走到十字路口，只管接受它。閱讀本書第一部分的你，已經跨出了第一步。

請將這本書當成自己心智的修煉所，在此上課求知、練習、答題，一旦你執行下去，將獲得打造最佳心理素質的所需技能，這將讓你的表現提升到下一個層次，而且這個成功是你自己的正確選擇，而非出於偶然。

思維會影響你的感受與表現。

訓練心智與鍛鍊身體同樣重要。

2

克服消極的「吸引力法則」

「心智比身體更容易陷入混亂。」
——湯米・玻爾特（Tommy Bolt），高球好手

「心智的威力甚強，大部分人卻無法善加運用。」
——馬克・麥奎爾（Mark McGwire），大聯盟全壘打王

傑納・斯托林斯（Gene Stallings）站在練習場上，雙臂交叉抱在胸前。這時ＮＦＬ（美式足球聯盟）亞利桑那紅雀隊在弗拉格斯塔夫市（Flagstaff）進行夏季訓練，所有球員都能感受到這一位高大、務實的球隊主教練個性有多麼堅忍。

斯托林斯出身已故傳奇教練「大熊」布萊恩（Paul "Bear" Bryant）的門下，他唸德州Ａ＆Ｍ大學時為布萊恩效力，並在阿拉巴馬州（Alabama）擔任助理教練長達七個賽季。

就像布萊恩，斯托林斯也很看重訓練時間，他重視隊員們的堅韌精神與工作習慣。現在他站在球場，長長的身影投射在地上，鋼鐵般的目光直盯著一名踢動右腳的球員。這名球員用足球架式朝著球踢了過去。當射門誇張地歪離目標時（球真的飛了）斯托林斯的臉像水泥般僵住，他厭惡地轉身離去，還低聲嘀咕抱怨。

等到斯托林斯走遠了，我逮住機會把踢球員拉到一旁問道：「發生什麼事了？」這是我擔任NFL球隊顧問的第一個賽季。

「麥克，我是很棒的射門員，」這名球員充滿了自信，但他接著想起剛才教練的冷淡眼神，他搖了搖頭：「但斯托林斯盯著我看的時候，我就是踢不好。」

「好啦，你要知道，」我輕聲細語，臉上還掛著笑容：「我猜他每場比賽都會在。」

這位球員足技精湛，射門的距離也不是問題，但他把自己搞得神經兮兮，很在意教練對他的眼光，而不專注在自己的任務上。他的思緒都在他老闆那裡。假如這位選手希望有更好的表現，就必須改變自己的思維模式，他需要能讓他好好發揮的心理層面。

要大獲全勝的關鍵之一，是學會如何全心全意在執行挑戰上，而不是讓負面思想來攬局。**心智一次只能專注在一件事，因此，我們必須聚焦在希望發生的結果上，或至少平常心看待，而不是拼命壓抑自己不希望發生的狀況**。我當球員顧問時，用了一種轉念教學法，我要求每一個學員發想一個自己專屬的詞——當他們一對自己說出那個詞時，所有消極的想法都會立刻消散，而且還有助於緩解緊張。田納西巨神隊（Titans）的老將格雷科（Al Del Greco），打過第三十四屆超級盃的他自創了「小鳥球」[1]這個詞。格雷科也是高爾夫球選手，堪稱ＮＦＬ裡無人能及，對他來說，「小鳥球」能營造讓自己脫穎而出的那份感覺，這個詞也讓他回想起自己縱橫高爾夫球場而且樂此不疲的畫面。

大腦像一台控制身體的巨型電腦。哈佛大學心臟病權威赫爾伯特・本森（Herbert Benson）發現，當患者全神貫注在呼吸上，並重複「ＯＮＥ——一」這個單字時，血壓和心跳將會下降。讀者不妨嘗試一下。

大腦可說是萬能機器，但與電腦不同，大腦並沒有使用說明。不幸的是，我們時

1 小鳥球（birdie）原為高球用語。

常在錯誤的時機，安裝了錯誤的「程式」。

本節始自湯米・玻爾特的名言。他有壞湯米、鬼吼老玻的稱號，大家會這樣叫他，是因為他說得一口好英語與髒話。他的火爆性格和丟球桿等發飆行徑，是高球界的茶餘飯後話題。據傳，他在某一輪比賽連續六次推桿後，對著天空揮拳嘶吼：「祢幹嘛不給我下來？像個男人一樣單挑！」

但玻爾特很清楚心智的威力，他明白大腦會變成他攻上果嶺的阻礙。一個高爾夫半吊子如果把球打進水窪，他把水球撈出來之後的第二件事是什麼？他會走向球座，然後告訴自己「不要」把球打到水裡。**我們已從心理學得知，人的動作會跟隨內心想法與想像，如果你說「不要把球打到水裡」但眼睛卻望著水面，那麼，你其實已經將你的想法設定好，就是把球打進水坑。主要思想（dominant thought）的定律表示，你的心智會記住最主要的想法**——想著水、惦記著水，那「水」很可能就是你最後得到的。

所以別想「不要把球打到水裡」，試著用另一個指令，比如「把球打到旗桿右側10碼的地方」，而你將得到你所想的。**當你告訴心智「該做何事」而非「不做何事」時，效率是最高的。**

我服務芝加哥小熊隊(Cubs)時，有位先發投手從蒙特利爾市(Montreal)打電話來，他上次出賽時心神不寧，他懇求說他亟需幫助。我問他，當他獨自站在投手丘，掙扎著找到那塊投手板，他是如何跟自己對話的？他列出了一長串的消極想法——曲球不要沒下去。別保送。裁判不會理我。如果我撐不到第五局，我就會從先發被換掉。

我會給諮詢的選手一張3乘5公分大的卡片，然後請他們在一面寫上自己成功的祕訣，另一面則寫上他們成功的關鍵表現。我請小熊隊的投手告訴我他成功的關鍵表現：「你真正投入比賽時，你在做什麼？」

「我在定位直球」，他回答「我在丟出第一球好球」、「我在變換球速」。

「那你怎麼做到的？」我問。

「一個好的平衡，」他說：「肩膀後拉，使勁投出。」

「很好，」我告訴他：「五天後你就要在紐約迎戰大都會隊(Mets)了。我希望你在比賽前做的，就是專注在剛才那三件事。」

這位投手後來投出了一場完封。他的身體素質在不到一週的時間裡，不可能有如此劇烈變化。他的轉變，證明了我們能透過改變心智(你能選擇如何思考)改變自己的表現。換句話說，你如果不喜歡眼前的節目，那就想辦法轉個台吧。

學會操控心智，否則你會被心智操控。
人的動作會跟隨內心想法與心像而改變，不要望向你不想去的地方。

3 心像讓你預見成功、創造優勢

「總之就是獲得優勢。有時需要一些額外的東西來獲得優勢，但你就是要有優勢。」
——唐・舒拉（Don Shula），美式足球員

「運動員最重要的部分就在他的肩膀以上。」
——泰・柯布（Ty Cobb），九項職棒紀錄保持人

在一九九八年賽季最後一次擊球之前，馬克・麥奎爾（Mark McGwire）這位棒球界的新超級英雄閉著眼睛，坐在聖路易斯球員休息區的陰涼處。他不是在打盹。這位肩膀寬闊、前臂有如大力水手的人，已經在當年九月底的某個下午擊出一支全壘打，他是在深思——心理預演（mental imagery）。

「這是精神與身體的考驗，」這位聖路易紅雀隊（Cardinals）的強棒談過擊球的學問：「每個人都關注我的身體，但我用我的心智比手臂還多。」

當麥奎爾走進打擊區時，他已經專注、放鬆，已經準備好了。蒙特婁博覽會隊[1]後援投手卡爾．帕瓦諾（Carl Pavano）投出時速九十五英里的快速球時，麥奎爾的心智與身體合而為一，他猛一下揮棒，聲音有如軟木塞噴出。球飛出去了，是高速的直飛球，落在左外野的看台，成為第七十號全壘打。這一幕向那些懷疑者證明：麥奎爾本賽季的另外六十九支全壘打絕非僥倖。

麥奎爾在賽季的最後四十四小時擊出五支全壘打，並向紀錄保持人薩米．索薩（Sammy Sosa）揮手告別。他與索薩兩人惺惺相惜，還共同參加過一場前所未有的全壘打比賽。

運動心理學之所以被稱為「成功的科學」，是因為它研究了成功人士的行為。我們所發現的（同樣是麥奎爾與其他偉大運動員證實的）是「心理預演」與「想像」的價值。

明星賽MVP卡爾．雅澤姆斯基（Carl Yastrzemski），是這樣描述他運用心智想像的方式：「比賽前一晚，我在腦中具象化我隔天會看到的投手與球。我準確打擊。我知道這種感覺。我想打哪就打哪。」

目前已有數十項研究證明「具象化」與「心理預演」的威力。如果讓二十名程度相當的運動員分為兩組，將其中一半進行心像練習，那麼受過訓練者的表現會勝過沒受訓練者。這就是我們所說的心智優勢。

一項有趣的研究則以大學籃球選手為對象，連續三個月，第一組每天罰球一小時，另一組每天想像罰球，第三組則每天投籃三十分鐘，並花三十分鐘去想像籃球從罰球線穿過籃框的情景。研究結束時，你認為哪一組的罰球命中率提高最多？第三組辦到了。心智的想像，在準度上的影響跟投籃本身一樣大。

《競技與健身運動心理學》（*Foundations of Sport and Exercise Psychology*）引用了另一個案例研究，有位運動心理學家與美國奧運會滑雪隊合作，他將隊伍分為兩組，且兩組的技巧相當。第一組接受了心像練習，另一組則是對照組。這位教練很快就發現，**進行心像**

---

1 即現在的華盛頓國民隊（Nationals）。

練習的選手比對照組進步得更快。後來他停止實驗，堅持讓他所有的滑雪選手都有機會運用心像來進行訓練。

我在紐約皇后區的移民社區裡長大，小時候在波蘭美國青年聯盟（Polish American Youth League）的一支足球隊裡踢球。我們在某個週六去了蘭德爾島（Randalls Island）進行實例講授。我驚嘆不已，眼前的是的世界上最偉大的球王比利（Pelé）。

我仍記得他說的：**熱情與心智優勢是取勝的關鍵**。比利描述了他的習慣，他每次上場都是如此。比賽前一個小時，比利會走進更衣室，拿起兩條毛巾，然後退到屬於他自己的角落。他伸展身子，在後腦墊了一條毛巾，像墊枕頭那樣。然後他用另一條遮住眼睛。接著他開始啟動他的心智放映機。在他的腦海裡，他看見自己是在巴西海灘上踢球的年輕人。他感覺到微風。他聞到鹹鹹的空氣。他記得自己非常開心，他多麼熱愛比賽。

然後比利按下心像的快轉。他回憶自己在世界盃時最輝煌的時刻，重新體驗獲勝的感覺。之後，他讓這些畫面消失，開始為即將到來的比賽做心理預演。他想像對手，他看見自己帶球突破防守球員、衝鋒得分。經過半小時的獨處，比利的心智與放映機播送著正面的想法，完成了他的暖身。當他在歡呼聲中小跑步進場時，他知道自己在身體與心智上都準備好了。

這部分的練習稱為「心智修練所」。我還在小熊隊時，他們從洋基隊挖角鮑伯・圖克斯伯里（Bob Tewksbury），鮑勃當時還不是主導大聯盟的投手，他的快速直球並不出色，主要是仰賴與位置和速度變化。我跟他合作時，我讓他建立他自己的心智修練所——一座想像中的靜修場地，他可以在比賽前去那裡進行反思與心智準備。他靈活的想像創造了一個精巧的工坊。他的心智修練所特點在於泡狀的結構——一台動力機，包含了積極肯定的影像記錄與最先進的音響設備。他在修練所裡伸展四肢，從高掛的大銀幕上觀看自己的影像片段。鮑伯後來成為紅雀隊的全明星賽球員。

為了獲得心智上的優勢，請試著建立你自己的心智修練所。就算身體疲憊或受傷，你一樣能進行心智修練。**盡可能讓你的心像生動、清晰。要看見你自己克服了錯誤，想像自己能得心應手**。記住，自信源於「你知道自己的精神與心智都準備萬全」。運動心理學是一門成功的科學。

運動心理學是成功的科學，研究顯示，在一組能力相當的運動員中，接受心智訓練者比未接受訓練者幾乎每次都有更好的表現。心智技能正如身體技能，需要不斷的練習。

4 用「壓力」獲得「助力」

「在壓力之下，你的表現可以提高或降低15%。」
——斯科特．漢密爾頓（Scott Hamilton），花式滑冰冠軍

「如果玩得開心，所有的壓力都會轉變成樂趣。」
——老葛瑞菲與小葛瑞菲（Ken Griffey Jr.），棒球明星父子

他是個體弱多病的孩子，罕見的消化系統疾病影響了他的發育，學校裡那群小鬼頭叫他「花生」，幫他取了不少難聽的外號。某位花式滑冰的裁判則說他個頭太小，根本無法在國際賽事中獲勝。但他現在站在舞台中央，約一百六十公分高、五十二公斤重的他，是冬奧會上最受人矚目的焦點。花式滑冰是冬奧會的重頭戲，是具戲劇色

彩的題材，受到眾多期待。對於表演者來說，壓力是顯而易見的。哪怕只要一點失誤（被無情的裁判扣掉零點幾分），可能就造成淚水跟勝利的差別。

斯科特・漢密爾頓獨自站在聚光燈下，這位美國選手在一九八〇年普萊西德湖（Placid）冬奧會上獲得第五名。他經過四年訓練消除弱點的努力，也經過四年等待與想望——這是他奪得奧運金牌的機會，說不定也是最後的機會。漢密爾頓深吸一口氣，將全部身心投入動作，他滑行、跳躍、旋轉。他張開雙臂融入音樂，閃亮的冰刀在冰面上刻劃出圖案。

表演在四分鐘後結束。賽場上歡聲雷動，看台上拋出的花束散落在冰面，掌聲不斷。

漢密爾頓告訴我們，贏家有著各種身形。掛上閃耀的金牌（幾乎垂到了他的腰部），這位冠軍實現了夢想。他當晚在塞拉耶佛市（Sarajevo），將自身的成功，歸功於他的心智準備。漢密爾頓說：「在壓力之下，你的表現可以提高或降低15%。」

當晚，我跟數百萬個電視觀眾一樣看了他的演出。他的感言引起了我的興趣。我們每天都面臨壓力與競爭——在工作上、在會議室裡、在教室裡、在高爾夫球場上、在網球場上、在籃球場上、在賽場上。

我惦記著漢密爾頓這句名言，開始了新的職涯目標，研究壓力心理學與成功心理學。我的任務是盡可能了解壓力下的表現。我想知道為什麼有些人（如漢密爾頓）在壓力下不斷突破，有些人卻一蹶不振。心智以何種方式、在何種程度上影響了我們的表現？

壓力是什麼？高球好手李．區維諾（Lee Trevino）解釋：「壓力就是你在四英尺的推桿上賭了三十五美元，但你口袋裡卻只有五元。」帶領匹茲堡鋼人隊（Steelers）贏得四次超級杯冠軍的教練查克．諾爾（Chuck Noll）則將壓力定義為「不知道自己在幹嘛時才會感覺到的東西」。

在一系列錦標賽的最後階段，有人問博覽會隊的投手比爾．李（Bill Lee），他承受的壓力有多大。他向來不會迴避問題，這位怪咖想了一下才公布答案：「每平方英寸三十二磅，以海平面計算。」前NBA球星查爾斯．巴克利（Charles Barkley）則巧妙的無視壓力，他說「壓力就是你裝進輪胎裡的東西」。但是它是確切存在的。**每一個進入賽場的人，無論承認與否，一定都會感覺到壓力。**

壓力從何而來？前丹佛野馬隊（Broncos）四分衛——後來的NFL名人堂成員約翰．艾維（John Elway）表示，他一直都感受到贏的壓力，而這種壓力主要來自內心。曲棍球巨星馬克．梅辛爾（Mark Messier）也有同感：「我唯一的壓力，就是我給自己的壓力。」

人體會對壓力與緊張做出反應。心跳、呼吸加快，無人倖免。傑克．尼克勞斯（Jack Nicklaus）曾是史上贏得最多大滿貫的高球大師，他說：「壓力會造成緊張，當你一緊張，就會想要盡快結束比賽。你打球越是匆忙，可能會打得越差，而這又將導致更大的壓力與緊張。」來聽聽網球明星亞瑟．艾許（Arthur Ashe）的說法：「我們在壓力之下，會有投入更多精力的自然傾向。但只要張力上升，就會發生兩件事：雙腳無法移動，橫隔膜崩壞，這是自動發生的，存在於遺傳密碼中。」

壓力讓人害怕，卻能激發出最好的一面——事實上，如果沒感受到任何壓力，你就不可能表現完美。前大聯盟投手戈斯．戈沙基（Goose Gossage）就是在壓力發跡的，他有次說：「在最糟糕的情況，才是我的最佳狀態。」

我與小熊隊以及後來又與西雅圖水手隊（Mariners）合作時認識戈沙基。他善於正確看待自身工作。我問他如何面對眼前將至的壓力，他回答：「每次我上場時，就會想起我在洛磯山脈的家，這讓我如釋重負。我告訴自己，最糟糕的情狀如果發生了，我頂多明天回家釣魚去。」

漢密爾頓則用另一種方式處理壓力。看著他摘下金牌十六年後，我與他談天——當時他在鳳凰城（Phoenix）參加「冰上群星」（the Stars）巡演。當我說他那句壓力的「15％名言」是我寫這本書的靈感，他露出微笑。漢密爾頓說，他對自己在塞拉耶佛市的金牌表現「絲毫不在意」。他為了迎接那一刻已經訓練多年。當聚光燈與音樂開始時，他讓命運帶著他走過。他的艱苦工作已經結束，他現在告訴自己，出去享受吧。

薩拉．休斯（Sarah Hughes）在二〇〇二年鹽湖城（Salt Lake City）冬奧會上也採用了相同的方法。這位十六歲的選手在短曲項目之後排名第四，覺得自己已經沒什麼能失去了，於是信心大增，縱情滑起了冰。《運動畫刊》（*Sports Illustrated*）形容她的表演是「隨心所欲的喜悅」。雖然年齡較大、經驗豐富的其他選手在壓力下蹣跚而行，但休斯寫下了歷史——兩個三周三周跳的組合，贏得了金牌。休斯笑著說：「我沒有退縮，那是我滑的最棒的一次。」

壓力可以是正能量，也能是負能量。我的一個好友肯・拉維扎（Ken Ravizza）是運動心理學家的先驅，是前幾位研究運動員在「白色化境體驗」的人之一。他發現超過80％的選手說自己無畏失敗。他們不顧慮自己的表現。他們只是沉浸在動作。他們「進入心流」。我們越能放下得失，就越有可能得到想要的。

建立你自己的心智修練所，正如我們上一節討論過的。回想一下你自我突破，化壓力為助力的時刻。注意當時你在做什麼、有什麼感受，以及對自己說了什麼？你是放鬆還是緊繃？興奮或焦慮？你害怕失敗還是渴望勝利？你當時是專注在結果，還是專注於過程？

每個問題都有答案。壓力存在於每個人的心智。
學習將壓力看作挑戰，而非看作失敗的威脅。

5 心智韌性的7C要素

「運動選手不可或缺的最重要人格特質是有顆堅韌不拔的心。」

——米婭・哈姆（Mia Hamm），世界足球小姐

「不畏挑戰的堅韌決心是靠自己後天學來的，而不是別人饋贈給我們的。」

——克里斯・艾芙特（Chris Evert），網壇紅土女王

喬・巴格爾（Joe Bugel）在亞利桑那紅雀隊執教時，他給予球員的最高評價就是「王牌悍將」。王牌悍將是積極的競爭者，是一個鬥士，一個將壓力當成挑戰的運動家，這種人跟失敗誓不兩立，而且永不放棄。其他領域的王牌悍將實例是個足球員，她曾在隊內分組賽中，腳上的球被別人截走。後衛推進時，這個掉球的球員卻拉住盜球者，直到對方摔倒在地，身上衣服幾乎要扯掉一半才放手。地上的男球員不解又佩服地微

笑看著這個女生，但她卻頭也不回地走了。

她的名字是瑪利爾．哈姆（Mariel Margaret Hamm），暱稱「米婭」，是國際足球史上得分最高的女性球員，是「堅韌」的最佳典範。米婭生性害羞，是公認低調的明星，她告訴隊友：「除了得勝的決心，沒有什麼能阻擋我們邁向成功。」米婭說過：「我們有戰士精神，這表示我們只要踏上戰場，就會用『不留活口』的態度來對付你。」

美國女子足球隊是一九九九年的年度體育新聞，她們奪下了世界盃，在最後一場比賽中擊敗了中國隊，包括了兩場令人筋疲力盡的加時賽和一場戲劇化的ＰＫ大戰。米婭如果不是團隊的心臟，至少也是個左心室。

我們將在本節中，定義「心理韌性」的七個特徵。這是一套行為與信念，關乎你自己、你的工作、你的運動，以及你應對這些事情的方法。**精神堅韌的人會把競爭視為挑戰，他們會奮起面對，而不是被脅迫著後退**。正如身體上的技能一般，「心理韌性」也能透過高質量的指導與實踐來學習。請掌握以下七項關鍵要素（又稱７Ｃ）：

韌性要素1：競爭性（Competitive）

職業高球手南希．洛佩茲（Nancy Lopez）清楚地給競爭力下了定義：「**有競爭力的人想辦法贏，他們會扛下失敗，讓自己越挫越勇**。而半途而廢的人把厄運當藉口，當成放棄的理由。」麥可．喬丹毅然決然轉戰大聯盟就是他競爭性十足的明證。史上最偉大的籃球員為什麼要嘗試另一項運動？因為他沒辦法接受不去嘗試。無人能及的喬．迪馬喬（Joe DiMaggio）在他的晚年透露，如果可以回到二十五歲再次出賽，他願意放棄所有的獎盃與紀錄，他說：「我最愛也最懷念的一件事，就是比賽。」

韌性要素2：自信心（Confident）

老虎伍茲曾說：「每次我打球，我都覺得自己最受歡迎。」自信的運動員有一種「**我可以**」的態度，相信自己能處理任何事情。他們幾乎永遠不會落入自我挫敗（self-defeating）的負面思維，成為犧牲品。喬丹說他相信自己在每一場比賽都是最棒的球員，**除非有人證明他不是**。但沒人能證明。

韌性要素3：控制力（Control）

成功人士能控制自己的情緒和行為，他們專心一意在自己能控制的事物，不讓超出控制的其他事來影響自己。我們不難發現，縱使有天大的壓力、又面臨殘酷考驗，心智堅韌的運動員總有辦法保持鎮靜、集中注意力並控制情緒。

韌性要素4：意志力（Committed）

心智堅韌的運動家會把時間、精力集中在他們的目標和夢想上。他們是屬於自我導向型（self-directed）的人，積極度很高。網球名將約翰·馬克安諾（John McEnroe）告訴我們：「有很多人看似每一球都打得到，卻永遠打不進大滿貫。能進去的，是因為有更堅強的心理素質，他們比其他人更想進去。」世界排名第一的安德烈·阿格西（Andre Agassi）跌落神壇之後，重新投入比賽，他奮發圖強讓身體回復狀態。結果不言自明。

韌性要素 5：沉著力（Composure）

心智堅韌的運動家知道如何保持精神集中，並面對逆境。我與曲棍球隊合作時，有時會到球員更衣室偷偷靠近某個隊員，趁對方不注意時推他一把，想看看有什麼反應。通常，被推的人會本能地握拳並拉回手臂，準備揮拳。在曲棍球和籃球比賽時，還手的人通常會受到懲罰。我告訴網球選手，他們每一場比賽可能會遇到兩、三次誤判，有時甚至更多，而他們如何管理自己的情緒，將會決定輸贏。一個心智強悍的選手會告訴自己：「好吧，假如我必須擊敗對手以及裁判，好吧——那我就奉陪到底。」我給鳳凰城消防局（Phoenix Fire Department）消防隊員一句座右銘，應該也對你有幫助：**外面在升溫，但你內心要保持降溫**。

韌性要素 6：勇氣（Courage）

心智堅韌的運動家必須願意冒險，這就是頂尖人士在做的事。斯托爾茲博士在《逆境商數》一書中，將成功比作一座山——**只有登山的人才能攻頂**，而往上爬了一段路、決定留在原地露營的那些人，永遠不會像攻頂者一樣感覺活著，並以自己為榮。正如這位思想家所言，要能成長並充分發揮個人潛力，當事人需要的是勇氣。

韌性要素７：定性（Consistency）

心智堅韌的運動家擁有內在的力量。當他們陷入低谷時，他們往往會表現得最好。他們從來**不為失敗找藉口**。

勝負，取決於你雙耳之間的方寸之地。

練習強化心理素質的７Ｃ要素，學習熱愛每一次競爭。

6 正確的「身心數字」帶來最佳表現

「在勢均力敵的比賽中，我會測量脈搏。我知道如果它超過了一百，就會影響我的思維。」
——菲爾・傑克森（Phil Jackson），NBA名人

「在心智上，我盡量讓自己維持中間水準，不要過高或過低。」
——托德・塞爾（Todd Zeile），大聯盟球員

我在研究所學到最重要的心理學概念就是「績效曲線」（performance curve）。先畫一個倒置的U，接著在左側畫一條垂直線，並在倒U的下方畫一條水平線。將兩條相交的軸線標上數值，從0到10遞增，水平線代表「壓力」和「激發」，垂直線則表示「績效」和「生產力」。

當運動員受到刺激時，這兩條軸線的數值都會上升。他們效率的尖峰時刻（即身體與精神的絕佳狀態），他們會在這個人類功能曲線的最高點，也就是倒U的頂點。

每個人都有一個能對應「頂尖表現」的最佳數字，我告訴我輔導的每一位運動員，他們必須「找到自己的身心數字」。他們也必須認識自己的預警訊號。請將自己想像成一輛汽車。要讓引擎高效運轉，不會太慢也不會超過極限，你的轉速要是多少？

運動員理想的身心數字（即在最佳表現時），取決於以下三點：

一、個人性格

二、競爭的時間或長短

三、任務的性質

短跑選手的身心數字不會跟馬拉松選手一樣，因為比賽長短不一樣；中鋒的任務是在籃下逼退對手，跟三分射手會有不同的身心數字；先發投手和後援投手也是如此，因為任務性質不同。

運動員有各種情緒，有些人比其他人更緊張，拿汽車來比喻，這個人可能是保時捷，那個人則可能是貨卡。就像看見油箱燈或剎車燈亮起時，知道要做什麼一樣，識讀你自己的身心預警訊號也非常重要。

我在小熊隊時，曾與前大聯盟投手吉姆．科爾伯恩一起授課，內容是關於表現水準的心理層面。為了說明我所提到的預警訊號，我環顧當時在教堂地下室裡的空間，然後選出其中一位投手，請他到教室前面，大聲唸出講義的第一章。以有些人來說，我們光是盯著他看就好——他們不希望被點名，他們會在我眼前退縮了。有很多人最大的恐懼之一，就是公開演講。

在壓力之下，有些人的心臟會有反應——他們心跳加速。有些人是皮膚反應——他們開始冒汗。有些人則是呼吸急促，感覺胃在打結，或者頸部與背部肌肉僵硬。上述這些都是身體上的預警訊號。在心智上，腦袋會開始想東想西，耳邊會響起一道細微的聲音，全都是消極的想法。

不久前，我接到了國家冰球聯盟某個球隊高管的電話，他想向我徵詢意見，因為他隊上有位頂級的新秀，一個從高輪選秀中脫穎而出、前途光明的新人，而他卻在他的新秀賽季垂死掙扎。

「他應該是個幾百萬的傢伙，」這位高層主管表示，「但他現在少了三個零啊！」這位高管的意思是，這名球員表現不佳，無論原因是什麼。他還沒開始挖掘自己的潛力。我同意在球隊將那個菜鳥打入冰球小聯盟之前，先跟他見面。

第一次會談中，這名選手承認高輪新秀這個身分讓他倍感壓力。每次比賽開始，他會變得異常興奮，他第一次換人時就滑過頭了。他傳球傳得太長。他在網前慌了手腳。我們談了績效曲線之後，我於是問他：「那你的身心數字是多少？」

「我現在是9，或是10吧。」他分析：「有時我覺得是11。」

「當你在最佳狀態時，你的數字是多少？」我接著問。

「我是6，或者7。」

冰球掉了的那一刻，這名年輕球員的轉速表已經到了紅色警戒線。教練對他這個菜鳥的表現不滿意，於是讓他坐冷板凳。後來，當他在幾次換人時回到場上，他說感覺自己慢了半拍。他的腿很沉重，他錯過了傳球，似乎他無法跟上速度。

「那時你的身心數字是多少？」我問他。

「3或4，也搞不好是5。」他回答。

為了幫助他在賽前冷靜下來，我們改變了他的日常活動。在更衣室裡，這名年輕球員開始聽慢節奏的音樂。比賽期間，我叫他每次換人時都假裝自己要上場。而透過這每一次換人，他將更專注於動作與對手。他一回到冰上，他就能以6到7的絕佳身心數字做出他的最佳表現。

我告訴他，表現本身就像是吉他，如果弦太鬆，旋律就是平的，但如果太緊，那可能會斷去。**正如樂器的弦需要在正確的張力，選手也必須調整身體，才能有合乎水準的表現**。

談到過度運轉，我腦海裡就會浮現多斯特・曼里（Dexter Manley）這個名字，一九九一年他因疑似服用禁藥停賽後，這位前華盛頓紅人隊（Redskins）的全明星賽球員加入了亞利桑那紅雀隊。在德州歐文市（Irving）對上達拉斯牛仔隊（Cowboys）的比賽當天，一個球隊醫生來找我。

「麥克，你一定來一趟。」我聽出他聲音裡的憂慮，他焦急地指了訓練室：「多斯特有狀況。」

雖然才認識短短幾週，但多斯特和我之間的關係非常好。我欣賞他，也相信他信任我。當我走進訓練室的內室時，看見他極度壓抑的神情，就像賽馬開始前檢閱場裡那些滿身出汗的純種馬一樣。他空洞的眼神表明了他心不在焉，他現在在另個世界。「多斯特！多斯特！」我漸漸引起了他的注意。多斯特開始回過神來，我看著他的眼睛，問他怎麼了，剛剛又在想什麼？

隨著開賽時間逼近，多斯特想像他自己回到休斯頓第三區（Third Ward）——那是他長大的貧困社區。「麥克，我再也不想回去那裡。」為了讓自己能用「精神」來做好比賽準備，結果卻過度亢奮，而這對選手來說可能適得其反。雖然多斯特是名優秀的四分衛突擊者（pass-rusher），但紅雀隊並不想在短碼數比賽裡的第三次進攻機會讓他上場，因為他們擔心他會越位，讓對方賺到第一檔進攻的機會。

這兩個案例說明了「績效曲線」與「身心數字」的重要性。發明螺旋球（screwball）的前大聯盟投手卡爾．哈伯爾（Carl Hubbell）說過一句名言：「**在控制好自己之前，我根本不可能去控制比賽。**」

除非你能控制自己，否則你無法控制表現。
你的想法是什麼？你的感受如何？最重要的是你的生理狀態。
掌握自己的身心數字與預警訊號。

7 責任心理學

「最有啟發的是，我無法控制投球之外的任何事。」
——葛瑞格．麥達克斯（Greg Maddux），大聯盟傳奇投手

「我的建議很簡單：掌控你的生活。」
——查爾斯．巴克利，NBA球星

一九八九年，葛瑞格．麥達克斯的職棒事業遇到瓶頸，這位年輕的芝加哥小熊隊投手曾在秋季教學聯盟裡，參加過我的一些課程，而他在六場對決賽中，有五場嘗到敗績，他的防禦率暴增。我看完麥達克斯被狠狠教訓之後，暗自許下承諾——如果麥達克斯在全明星賽後的第一次出賽沒有進步，我就會打電話給他。而我確實打了。

他之後的轉變令人震驚。他從七月二十三日開始，連續贏了五場；他在八月七日

對蒙特婁的完勝，讓小熊隊分區排名第一，而且在接下來的常規賽中都保持不墜。

不少人來找我：「你跟他說了什麼啊？」

我一個字也沒說。

我打電話過去時，麥達克斯不在家。

運動心理學並不會創造出能力，而只是讓能力得到釋放。分享這些是我的職責，也是本章的主題。在體育運動當中，正如生活，你的未來和成功會取決於許多事，但主要還是取決於你自己。你有責任塑造自己的人生。你要不是推動自己前進，就是阻礙自己前進。成功或失敗的力量就操之在你。

我欣賞名人堂投手唐・薩頓（Don Sutton）所言：「我認為我成功的原因，是因為我出身美國南方佃農，不得不從小開始承擔責任。」

「選擇」是我們最強大的力量之一。境隨心轉，**你選擇如何看待競爭，將會影響你的感受與表現**。我觀察到年輕投手有一種傾向，會對裁判跟失誤的隊友不滿。很多時候，人們習慣推卸責任，但成功人士則會對自己和比賽負責，他們明白重要的並非比賽本身，而是他們自己如何面對。

你可以選擇面對各種情況的方式。像是葛瑞格・麥達克斯這樣擁有優秀心智的人，會專注在他們所能控制的事。麥達克斯沒有名人堂的樣子，「我看起來不像棒球員，我是說，你自己看一下。」這位戴著眼鏡的亞特蘭大右投手說。但他這位一代強投，卻擁有名人堂的心智。

麥達克斯知道他在比賽中唯一可以控制的事情，就是他自己和他投球的方式。前大聯盟年度最佳新秀提姆・賽門（Tim Salmon）曾說：「我控制不了投手、球、外野手或人群，所以我必須控制自己。」

傳奇的斯坦・穆休（Stan Musial）則說：「投手丟口水球[1]時，別擔心，也別抱怨。像我一樣，打擊另外乾的那面。」

在一九九四年的春訓期間，我為西雅圖水手隊的投手們做了一次演講。那天的課是責任心理學。我們聚在亞利桑那州皮奧里亞市（Peoria）的新設施裡，在綠油油的草地上我分享了麥達克斯的名言。我提醒這些球員，雖然他們不一定能控制所有發生的事，但他們總能選擇如何面對。

演講結束後，我的手機響了。

我認出對方那奧克拉荷馬州的口音——他是巴迪・萊恩（Buddy Ryan），NFL紅雀隊的新任總教練。我擔任紅雀隊顧問六年，幾週前在印第安納波利斯市（Indianapolis）舉辦的NFL聯合測試營（年度選秀會前的最後階段）中，遇到了巴迪。為了給人留下好印象，我測試營網站上對未來的選秀人選進行了一系列的採訪。

「蓋瑞，你今天能順道來一下嗎？」

「巴迪啊，那有什麼問題！」我說：「一小時就到。」

離開皮奧里亞市，我調頭往南，直駛坦佩市（Tempe）的紅雀隊綜合設施。巴迪的電話讓我心情不錯，那些採訪是我的得意之作，我覺得對這一位從休士頓油人隊（Houston Oilers）來到紅雀隊的新任教練來說，這將是他評估球員的利器。在休士頓時，巴迪因為在某場比賽打了助理教練吉爾布里德（Kevin Gilbride）一拳，於是登上了全國媒體的頭條。

巴迪到亞利桑那州時一樣掀起話題，他宣布道：「你們這裡來了一位贏家！」我

1 口水球（spitball）是一種犯規球，指投手將球一端弄濕，使球產生非典型的路徑。

很想知道他對於下個賽季的計畫。

巴迪在辦公室外迎接我。那天是聖派翠克節（St. Patrick's Day），他應景地繫上綠色領帶，一朵綠色康乃馨從他夾克翻領上伸出。他臉色紅潤、雙目有神、笑容滿面，巴迪看起來就像電影《彩虹柚子》（*Finian's Rainbow*）的愛爾蘭人。

我曾在他的辦公室裡，與他的前任總教練巴格爾聊過好幾個小時。這時巴迪在他巨大的辦公桌後面一屁股坐下，我則坐在他對面。

「蓋瑞，我已經和教練們談過了，他們非常敬重你，」我聽了真是開心，他繼續說：「球員喜歡你，他們相信你，我只聽到好話而已，但我要讓你走人。」

啪，我像是被打了一巴掌。我的心一沉，笑容從我臉上消失了。當我在驚訝之中呆坐著，一個字都說不出口，震驚和失望之餘，忽然心裡湧上了一股憤怒。我心裡想的是：這不公平。我感覺自己的下顎咬緊了、拳頭也握緊了。一瞬間，我想像自己縱身飛過辦公桌，像他曾在那場比賽一怒之下海扁助理教練吉爾布里德那樣，也回敬我眼前這位前老闆。

然後我抓住了我自己。一小時前，我才站在皮奧里亞溫暖的陽光下，給一群大聯盟投手們講責任。我告訴他們，他們不能每次都控制局勢，他們唯一能控制的就是自己如何應對。我強迫自己往椅背上一靠。我深吸一口氣，看著巴迪的雙眼。

「巴迪，我真希望你花點時間來了解我，」我聽見自己的聲音沒什麼起伏：「我認為我可以幫助你和球隊。但我能理解，祝你好運。」

我們站了起來，握了握手。

「你還會是紅雀隊的球迷嗎？」巴迪問道。我說我會的，然後我離開他的辦公室，下意識昂起了頭。我不能說一套做一套，雖然那時要言行一致並不容易。

你雖然不能每次都控制局勢，但你可以控制自己應對的方式。重要的不是處境，而是你如何應對。

8 戰勝自己：破除10項「自我毀滅」的壞習慣

「我很努力。我覺得自己能上場，而唯一能阻止我的，只有我自己。」

——吉姆·亞伯特（Jim Abbott），大聯盟單臂投手

「超越自我的這種能力，無疑是運動賦予我們最寶貴的東西。」

——奧爾加·科爾布特（Olga Korbut），白俄羅斯前體操選手

科隆（Rafael Colon）是我在水手隊的雙語顧問，也是聲音國際公司（Voices Internacional）總裁。他那時在答錄機裡留下這個訊息：「想要實現自己人生的任何目標，你必須先突破自我設限。」

羅伯特·凱利（Robert Kelly）則在漫畫《波哥》（*Pogo*）中用另一種方式來詮釋這個概念：「我們遇上了敵人，而那些人就是我們自己。」

在運動心理學領域工作的我，對於人是如何「自暴自棄、與成功擦肩而過」的故事相當著迷。**無論各個級別，運動員都時常干擾自己的表現。他們用自己的恐懼、懷疑，以及自我譴責的天性，阻礙了自己的道路。**

一九九四年，投手西恩・艾斯特斯（Shawn Estes）接受了左肩手術，但他在水手隊的問題不只是受傷。「當我有好表現時，我沒有給自己足夠的肯定，」他說：「但當我表現差勁，我就會重重打擊自己。」那個賽季之後，這位左投手去了磨練選手技能的亞利桑那教學聯盟（Instructional League），我整個冬天都在陪著艾斯特斯一起努力，幫助他專注於他所能控制的事，忘記自己和裁判的失誤。而艾斯特斯終於明白亞瑟・艾許話中的涵義：「跟你競爭的不是對手，你對上的是自己。」艾斯特斯一學會不畫地自限的方法，就立刻成為舊金山巨人隊（Giants）的全明星賽球員。

一個人的「自我概念」[1]非常重要。佛洛伊德臨終前曾說：「愛與工作是成功人生的基石。」我們身為人，想要感受自己能被愛、也想感覺自己有才能。如果自我感覺

1 自我概念（self-concept）即自己對自己的看法或評價，是自身的信念集合。

低落，你就不可能有好的表現。那些「自我意象」[2]相當負面的人，總會有一些自我毀滅的方法。全壘打王達里爾．斯塔比雷（Darryl Strawberry）就是很好的例子。為什麼一位如此成功、才華洋溢的運動員會用藥物來打敗自己？

心理學有一個理論稱為「自我一致性」（self-consistency），指我們的行為符合我們的自我概念，即自我意象。**我們在本書討論「看見自己成功」這件事有多麼重要。如果不認為自己是成功人士，那你成功的機會就會減少**。沒有成功的心像，當好事真的來敲門時，你只會無動於衷。

每一個人都會有自我挫敗的思想和行為，破壞表現，我叫它們作「小麻煩」，是種無形的小生物，會暗中阻止運動員發揮出最佳水準。我在以下列出10項會讓你自我毀滅的小麻煩清單，如果你認為任何一項似曾相識，那就趕緊對症下藥吧。

自我毀滅習慣1：恐懼（Fear）

為了生存，我們每個人身上都有一種原始的「戰鬥或逃跑反應」（fight-or-flight mechanism）本能。這是一種神經化學反應。人類遇到威脅時，會準備迎戰或逃跑。正如我們之前學習到的，身體會把所有生動的圖像視為「正在發生」的真實事物。事實上，**大多數危險並不會對生命或肢體構成威脅，而是對自尊**（**self-esteem**）**和自我**（**ego**）**產生心理威脅**。否則為什麼在四英尺的下坡推桿時，就連腦外科醫生也會手腳不聽使喚呢？這其實是對自我意象的威脅。恐懼確實能癱瘓一個人。

自我毀滅習慣 2：憤怒（Anger）

我們必須學會控制自己的情緒，否則就會被它們控制。**憤怒源於「挫折」和「期望」**。我們的心智和身體並不是一直同步合作，就像卡通《史努比》畫的那樣，露西抓著球讓查理．布朗踢，但布朗卻踢不到，露西告訴他必須同時用心和身體踢球。結果查理．布朗告訴露西，他的心和身體這麼多年來都各忙各的，已經不互相溝通了。

2 自我意象（self-image）是心理學用語，基本上可描述為個體看待自己的方式。

自我毀滅習慣 3：焦慮（Anxiety）

這是一種「不確定感」或「恐懼感」產生的普遍感受，一種「將會發生不好的事情」的感覺。以棒球來說，有些投手在暖身時看起來很棒，但只要一跨過界線進入球場，他們就表現不佳。我們把這個現象稱為「公路催眠」[3]，我們都會焦慮，但被這個習慣折磨的人，他會因為焦慮本身而更焦慮，最後導致麻煩。

自我毀滅習慣 4：自我意識（Self-consciousness）

有些運動員害怕自己看起來不太好，或擔心自己出糗，他們關注自己的形象，而非手頭上的任務。「游擊魔術師」奧茲．史密斯（Ozzie Smith）就說：「給我一個擔心自己看起來很糟的人，我隨隨便便就能打敗他。」**如果一直怕讓自己難堪，你就不可能有好的表現。**

自我毀滅習慣 5：完美主義（Perfectionism）

西恩・艾斯特斯最大的敵人就是他自己，因為他永遠不滿意自己的表現。自我批判、消極的完美主義者做得永遠不夠。推動他們心態的，往往是對於失敗的恐懼。完美主義者發出的聲音，通常不離自我批評、自我譴責。我相信完美主義跟某個條件的教養拖不了關係。許多少棒聯盟（Little League）的家長，都沒意識到自己對孩子的負面評價，會造成自尊心受創。假如你告訴孩子說他失敗了，你就是在告訴他「你是一個失敗者」。這些批評，會被兒童轉化成性格的一部分。會去批評、譴責，並利用恐懼與難堪來帶人的教練，會損害年輕人的心理健康。

自我毀滅習慣 6：固執（Stubbornness）

有些人固執得很，不願意學習。他們不喜歡改變。他們寧可跟自己熟悉的魔鬼打

3 公路催眠（White Line Fever）是心理學用語。如果在筆直道路上不斷高速奔馳，駕駛人的感覺會發生異常，失去速度感、視野也會變小。

交道。他們不會為了讓自己進步到下個層次而做任何冒險。這絕非好事，正如在運動領域，你必須學會「成功的失敗」。

自我毀滅習慣 7：缺乏動力（Lack of motivation）

有些運動員單純缺少了讓自己盡力的動力。**動力並非是錢能買到的，你也無法從別人那裡得到。**「沒有人可以給你動力，」喬．迪馬喬說：「別人可以在旁邊激勵你，但基本上這種激勵必須是要出自你自己，你必須渴望在任何時候、任何情況下都要做到最好。」

自我毀滅習慣 8：好勝心（Competiveness）

我們都有好勝心，每個人都希望成長並脫穎而出。但我認為，在人生的早期階段，有很多人因為在體育方面的負面經歷而一蹶不振。有些人的教練讓他們難堪，或是太偏袒他們。結果，這些人變得很容易喪志，並形成了一種態度，認為「嘗試又有何意義？」這是習得性無助（learned helplessness）。另一些人則是因為懶惰不願做功課。每年我都會接到運動員的電話，他們對我說：「麥克，我當初應該聽你的。」其中不乏才華洋溢的人，但他們卻不願意投入時間，努力發揮自己的潛能。他們原以為自己能靠天份過日子，但後來不得不承認這不可行。

自我毀滅習慣 9：干擾（Distractions）

有些運動員的生活方式充滿衝突矛盾，他們不願意約束自己。這一項自我毀滅習慣的代表人物，就是因為吸毒而被多次禁賽的斯塔比雷。曾是達拉斯牛仔隊（Cowboy）球員的作家彼特．根特（Pete Gent）說：「運動員會去跟一些人混在一起，而那些人告訴他們：這些紀律不適用在你身上啦。」如果覺得自己可以在通宵狂歡之後，第二天能繼續上場，那他仍必須要服膺於牛頓定律——凡事有起必有落。以棒球來說，通常會發生在打擊率上面。

自我毀滅習慣 10：毅力不足（Persistence）

在非常時期要保持樂觀並不容易，但**最成功的人會將挫折視為轉機，隨時準備東**

山再起。他們鍥而不捨，他們拒絕失敗。看看吉姆·亞伯特吧，他出生時就沒有右手，在大聯盟打了十年的球，投出無安打比賽；再看看自行車手藍斯·阿姆斯壯（Lance Armstrong），他戰勝癌症贏得環法自行車賽冠軍[4]；還有庫特·華納（Kurt Warner），他從雜貨店打工到洛杉磯公羊隊（Rams）四分衛，最後還在超級盃奪冠。

重要的是，檢視自己、找出你的自我毀滅習慣。運動如生活，成功的第一步就是跳脫你的積習框架。

4 阿姆斯壯後因禁藥問題而被取消一九九八年八月之後的所有成績。

9 進入下一層次

「在你學習之後才學會的東西，這才是最重要的。」
——厄爾・韋弗（Earl Weaver），棒球名人

「為自己的弱點做建設，直到它成為你的長處為止。」
——克努特・羅克尼（Knute Rockne），足球教練

幾年前我去了日本，與日本職業棒球隊進行心理輔導。這是我最難忘的經驗之一。我從與歐力士青波（Orix Blue Wave）的合作關係中學到了一件事，即名為「改善法」的概念，意思是每天不斷學習和改進。這個概念不僅用於體育運動，也用在世界各地的企業中，電影《棒球先生》（*Mr. Baseball*）對此做了很好的詮釋。

在電影中，湯姆・謝立克（Tom Selleck）飾演傑克・艾略特（Jack Elliott），他是紐約洋

基隊的老將，是火力十足的一壘手。但傑克陷入長時間的打擊低谷，後來球隊用一個更年輕的球員替換了他。傑克的經紀人將他送到日本，他在當地簽了一份利潤豐厚的合約。

傑克到新球隊「龍之隊」報到時，他傲慢自大、自以為是，這位前世界大賽MVP跟他的日本經理起衝突，後者是一個死板、嚴肅的人，有相當嚴明的紀律。在美國，我們會說你「play——打」棒球，但在日本，他們會說你「work——從事」棒球。

在打擊練習的第一天，傑克展現了他的力量，他把快速直球（教練的投手）打進看台的深處。接著教練指示他的投手給幾顆低速球，眼睛長在頭頂上的傑克揮棒落空。他再次揮棒，但是只打中了空氣。經理則請翻譯告訴這位新球員「他揮棒時位置不對，所以打不到球」。

比賽時，對方投手不會丟快速球給傑克。這位失意的美國人什麼都看不到，直到他最後承認自己有弱點，並且努力補救自己揮棒的問題。電影的尾聲，那個茶杯滿溢來到日本的傑克，以為自己無所不知，最後打擊能力變得優秀，成為更全面的球員。日本人教會了美國人謙遜。接著傑克則教他的經理和日本隊友，如何打球打得開心。

日本選手專注於了解自己與改善弱點的過程，而美國人似乎更注重結果。在新秀訓練營裡，為了訓練他的想法，我都會問每一名球員（無論是艾力士・羅德里奎茲還是小葛瑞菲）：我今天能學到什麼？我如何才能讓明天的我變得更好？與其擔心統計數據和結果，我更希望他們思考學習、成長，以及變得更好的過程。**學習如何學習需要付出努力**。

「在這一場比賽中，你將永無休止地學習，」亞利桑那響尾蛇隊（Diamondbacks）的王牌投手蘭迪・強森（Randy Johnson）：「如果你認為你對比賽本身瞭如指掌，它會把你擊垮！」

我相信降落傘原則（Parachute Principle）。心智就像降落傘——只在打開時發揮作用。**求進步者必須認識自己的優勢和劣勢，接著，他們必須努力將自己的弱點轉化成優勢**。至尊打者漢克・阿倫（Hank Aaron）想到他在大聯盟的早年時說：「我一直在思考打擊，我也一直在研究投手。如果我發現有個投手是麻煩人物，我就會特別努力研究這個人。我想知道他如何讓我出局，還有我能做些什麼？道奇隊（Dodgers）的唐・德萊斯戴爾（Don Drysdale）曾經用變速球讓我出局，其實整個道奇隊都用那個球封殺我。所以第一年之後，我回阿拉巴馬州莫比爾市（Mobile）的老家，我就叫我兄弟湯米不斷丟變速球給我。在那之後，那些人就不太對我丟變速球了。」

魔術．強森的父親則教育他，**在競賽的每一個階段都要努力，尤其在最需要全力以赴的部分**。「我爸說，我的對手一定會發現我的弱點，而且不出多久，他們就會開始打擊我。」強森回首往事：「他說我的弱點像霓虹燈一樣顯眼，如果我不能用左手運球或是我疏於防守，每個人都看得出來。我爸叮嚀我，打籃球時你什麼都藏不住。」

週末才打高爾夫的人，他們會去所謂的「磨練場」，實際上就是練習場。有很多人把70％的練習時間花在把球打遠，但有超過70％的比賽都是在一百碼內（九十一點四公尺）以內的。

做自己喜歡與擅長的事是人的本性，高爾夫球手南希．洛佩茲說：「事實上，如果我們希望進步，就應該反其道而行。」彼得．羅斯（Pete Rose）是這樣說的：「真正難的是走出去，努力做自己不太擅長的事。」

老虎伍茲在一九九七年以破紀錄的優勢贏得名人賽之後，他重新評估了自己與比賽。他認識到自己的弱點，於是做出了微妙的變化，他的揮桿變得更精準，發球也更加準確和穩定。我在高中和大學打過網球錦標賽，我反手打得不好。我年輕時可以跑來跑去，所以我從來沒有努力克服這項弱點。但現在我跑不動了，結果這下子讓我的反手拍打得比正手拍還好。

大多數人都拒絕改變。他們情願窩在舒適圈。矛盾的是，人有時必須先變糟後才可能變得更好——像風雨後的彩虹。自我改變與戰勝弱點需要信念的躍昇。如果阿倫沒有回老家練習變速球會如何？他會成為現在的他嗎？可能不會。

你擅長什麼？你有什麼不擅長的？你在競爭時的缺點是什麼？對自己誠實，樂於學習。接納你的弱點，而不是抗拒。訂定你自己的行動計畫，將缺點化為優勢。

記住，你的心智就像降落傘，只在打開時才能發揮功用。你今天學到了什麼？學習成果如何讓明天的你變得更好？克服你的弱點，直到它們成為你的強項。

第二部

心像、夢想與實現

1 化夢想為現實的「ACT回溯法」

「你如果想在這世上有任何成就，你必須先有夢想與目標。」
——盧・霍茲（Lou Holtz），足球總教練

「勇敢追夢。」
——約翰・錢奈（John Chaney），籃球教練

一九八九年十月四日晚上，我笑得樂不可支。我在我父親的家鄉芝加哥，坐在他喜愛的棒球場的看台上。眼前的賽事罕見又奇妙，原因有三：首先，小熊隊打進了季後賽，其次，這是瑞格利球場（Wrigley Field）第一次季後賽的夜間賽。燈火照亮如鑽石般的球場、外野草地、看台，以及被常春藤覆蓋的牆面。在那個溫和的夜晚，隨著一絲秋意的降臨，這座老球場呈現出一種神奇的光彩。

但對我來說，真正的魔力是賽前的介紹。我永遠不會忘記，擴音器傳來廣播員刺耳的聲音時，我內心何其愉快：「第五打者，左外野手——德懷特．史密斯（Dwight Smith）。」

我笑容滿面地坐著，腦海中閃過四年前的某一天。我回想起一切，有四面牆、時尚的家具。有個燈泡高掛著，像這座球場一樣昏沉，卻很亮。

我回到了故事開始的地方——亞利桑那州梅薩市（Arizon），某一間經濟型汽車旅館的一〇六號房。

每個大聯盟球隊都能判斷新秀的能力，以棒球來說有五項標準——擊球能力、強打能力、跑動能力、接球能力，以及投擲能力。但你要如何評量一位運動員的**頭腦**和**心智**呢？

我是芝加哥小熊隊的新顧問，在一九八五年春訓期間，我的工作是面談大約三十名年輕的新秀球員。在我們停留的旅館裡，我打電話給每個人，請他來我的房裡。

他們小心翼翼地進來了，每隔三十分鐘會替換一個。他們來自西班牙語社區、市中心、鄉下，還有在加州的衝浪玩家，是一場年輕人的閱兵。我坐在床上，微笑著自我介紹，並請對方坐在我對面的椅子。

「告訴我，」我問：「你認為自己在三、四年內會到什麼位置？」我問的是球員進入大聯盟之後的時間計畫。有些孩子聳了聳肩，他們看不見明天。有些人眼光沒有那麼遠。大多數人對自己想做什麼或成為什麼，都沒有明確的規畫。當被問到「是什麼事激勵了你」，有位年輕球員坦率地說「托雷多市的福特車廠」，他知道自己不想在哪裡打卡上班。

接著德懷特．史密斯步了進來。我不記得他當時穿什麼——我猜是T恤和短褲——但我永遠不會忘記他的笑容。史密斯的臉照亮了整個房間。我問他對未來的看法時，這位不是高輪選秀的年輕人毫不遲疑：「麥克，我看見自己在瑞格利球場的打擊率是三成。」這個來自南卡羅萊納州（South Carolina）農村的孩子，想像自己從外野開始，他甚至看到、並聽到自己在唱國歌。在沒有預告的情況下，史密斯突然高唱路德．范德魯斯（Luther Vandross）的歌。他有副好嗓子，他自己知道。

德懷特．史密斯清清楚楚看到了自己的明天。我聽著，身上起了雞皮疙瘩。我被他的自信打動，也被他夢想的力量而感動。

一九八九年史密斯進入了大聯盟。那一年，他以僅次於他的小熊隊室友——獲年度最佳新人獎的傑羅姆．沃爾頓（Jerome Walton）——來慶祝自己的二十六歲生日。他後來在瑞格利球場和其他大聯盟球場唱了美國國歌《星條旗永不落》。他在亞特蘭大（Atlanta）結束了職業生涯，在勇士隊（Braves）的一場季後賽前，他唱了國歌，並獲得了世界大賽冠軍戒指。

寫這本書的想法，是在我飛往芝加哥看史密斯出賽的那一天有的。在飛機上，我開始把我所學的「成就心理學」和「成功心理學」的知識寫到紙上。我了解到，有些人是積極的感官導向（sensory oriented），有的人則是消極的感官導向。積極的感官導向者（如德懷特．史密斯）有非常豐富的想像力與感官之夢。而小馬丁．路德．金說過：「我有一個夢。」他說的不是：「我有一個好主意。」

偉德．博格斯（Wade Boggs）六歲時就知道自己有一天會在大聯盟打球。金手套強尼．班奇（Johnny Bench）的三年級老師問學生們「長大後想做什麼？」，班奇回答棒球選手，他的同學都笑了。八年級的時候，有人問他同樣的問題，「我說我要當棒球運動員，他們聽了大笑，」班奇回憶道：「但到了十一年級，沒有人敢笑我了。」

麥可．喬丹說：「我認為像朱利葉斯．厄文（Julius Erving）、丹佐．華盛頓（Denzel Washington）、史派克．李（Spike Lee）和馬丁．路德．金這樣的人——我很佩服的人——他們都創造了自己的願景。他們不讓任何人、任何事分散他們的注意力或打擊他們，使他們潰散。」

有種說法是，傑出的人都是逆向生活的。他們創造一個未來，然後生活在其中。我教授的其中一項練習稱為「ACT回溯法」（A.C.T. backward），以未來為觀點回溯現在。請你務必一試。

A：接受（accept）

接受自己現在的狀態，正如我們在上一節所討論的，請了解自己的優點與缺點。

C：創造（create）

創造你自己想要的狀態。德懷特．史密斯抱有一個夢，那你的夢想又是什麼？請閉上眼睛，看看自己想成為的樣子，然後把這個理想的狀態用筆記錄下來。

T：行動（take action）

採取行動，讓自己能確實達到目標。成功這趟旅程是一步一腳印的，正如這句老話：「千里之行，始於足下。」

相信自己夢想的力量，接著用「ACT回溯法」。
接受自己的現狀；創造你想要的狀態；透過設定目標來採取行動。

2 力求進步，不求完美

「我堅信人要設定目標，循序漸進。想要達成某項成就，我看不出來有其他任何方法。」
——麥可．喬丹，籃球大帝

「重要的是過程，而非結果。」
——卡爾．路易斯（Carl Lewis），奧運金牌

愛德溫．盧克（Edwin Locke）與蓋瑞．萊瑟姆（Gary Latham）這兩位大學研究人員花了好幾年時間，去研究包含體育界在內所有行業的頂尖人物，他們發現，**成功人士都是目標導向的**，這些人有遠見。他們像上一節說明的，會打造一個感官豐富的夢。接著這些人設定目標，將這個願景變成行動。

「目標設定」是「個人成長」與「頂尖表現」最重要的一項技能。我再怎麼強調都不為過。沒有目標，你將要走向何方？如果你不知道自己要去哪裡，你可能最後會去你不想去的地方。

美國最成功的高中游泳教練之一迪克漢．努拉（Dick Hannula）認為：「**動機在很大程度上取決於目標的設定**。教練必須有目標；團隊必須有目標；每個游泳選手都必須有目標——真實、生動、逼真的目標……目標讓每一個人都有方向。」

「目標設定」是將未來帶到現在的一種方式，如此一來，你就能馬上採取行動。提升水準的目標；改善工作質量的目標。將自己的期望具體化，並透過看見自己變得更好來產生自信。正如努拉所言，目標本身也會增加一個人實現目標的動機。

我們來看看目標設定的基本原則吧！首先，你應該訂定「表現目標」和「成果目標」，前者又稱「行動目標」是你自己能控制的。以棒球來說，如果你想要打擊率達到三成，那你就必須在練習擊球時用足夠數量的球。我要求大聯盟的打者把精力專注於讓每一場比賽都有四個高水準的打數，這變成了他們的目標，而不是「我每場比賽都要打出兩支安打」。專注於高水準打數上是一個表現目標，照這樣結果自然會是好的。

目標，應該是要有挑戰性卻符合現實的。「為比賽設定目標是一門藝術，」高球名人格雷格．諾曼（Greg Norman）說：「關鍵在於，要把目標設定在正確的水準，既不太低也不太高。一個好的目標應該要夠高，以激發我們努力，但又要足夠務實，以提供實現的堅定希望。」迪克漢．努拉如此詮釋：「目標必須高得讓你興奮，但又不能高到讓你無法具體想像。**目標必須要能實現，只是現在暫時無法實現**。」

關於目標，你可以使用「SMART」設定法。假如你想加入少棒聯盟或高中球隊當三壘手。

S：具體（specific）

一個明確、具體的目標就是「磨鍊自己的守備技能」。

M：衡量（measurable）

目標要能衡量，例如「我每天要接住左邊一百個滾地球」。

A：實現（achievable）

這個目標必須能達成，而且在你自己的可控制範圍。

R：實際（realistic）

你的目標要是可信的，不至於好高騖遠。

T：時限（time-bound）

要為目標設下完成日。目標是一個有時限的夢想，而每一次的目標也都需要完成日。

我鼓勵運動員設定每日或短期目標。實現長期目標的方法，是把它分成小階段。有效的目標設定會像一座階梯，每一階都是行動的一步——逐步漸進。正如俗話說「積沙成塔，聚少成多」。

我有天接到了NFL一位總經理的電話。他聽起來憂心忡忡，他說他球隊有個年輕四分衛——第一輪選秀的優秀人選——睡得不好。而且他還開始喝酒來幫助睡眠，但這樣只會衍生更多問題。我於是找了這名球員和球隊主管，我們同意彼此共事一陣子。我當時就設好了一個目標。

在第一次會面，這位球員對我相當坦白。他談到了自己的五年合約與他的待遇。球隊希望他能掌管進攻，帶領隊友們衝進季後賽。管理層、教練和球迷都指望著他。他的責任無比沉重。

這名新秀轉個不停，他說「我得做這個……還得做那個……」。他想馬上完成所有的事情。他擔心那個自己無法控制的未來。然後，我們共同規畫了一份為期五年的藍圖，並為他制定了一系列雖然細微但意義重大的階狀進程。我們設定了各種短期目標，以及具體目標，還有SMART目標。

我們見過面後，這位新人似乎變了個人。他覺得自己有能力，他有一個「**我可以**」的行動計畫，所以感覺自己更能掌控局勢。**人類最大的恐懼有二，一是對失去控制的恐懼，二是對於未知的恐懼**。**設定**、**實現小型目標，會給選手「正向回饋」並激勵他們去做得更好**。隨著狀況漸入佳境，他的信心也增強了。

一個年輕的響尾蛇隊投手曾經打熱線給我，他當時還在小聯盟1A時。他相當不安。我問他遭遇什麼問題，這位大聯盟的明日之星說他本季開局表現強勁，五場勝投四場。但之後他連輸了三場。他聽起來非常失落。這孩子一生中沒失敗過，他質疑自己在職棒的未來。

我於是問他一些問題。在那三場輸的比賽中，他的防禦率與賽季剛開始時相比如何？他說，防禦率更低了。我再問，你開球時如何？他說他的好球更多了。我告訴他，不管他怎麼想，他確實是在進步。但結果卻不符合他的意願。我幫助他明白一件事：他無法控制自己的比賽紀錄。他能控制的是他的防禦率、保送三振比，以及他每一局的安打。他不必完美。我告訴他，要力求進步，而不是求完美。

以運動來說，你想要有何成就？一旦設定好目標，魔法就開始了。你的目標是什麼？做一張清單，把目標全部記下來，這是將夢想付諸實施、並讓它化為現實的第一步。

目標是有時限的夢想。透過設定目標，將你的心像化為行動。

要力求進步，而非追求完美。

3 成功的犧牲

「才能永遠不可能會夠的，除了少數特例之外，頂尖的選手都得靠夙夜匪懈才能換來成功。」

——魔術強森

「人越苦幹實幹，就越不想放棄。」

——文斯·隆巴迪（Vince Lombardi），NFL傳奇教練

我有六年的夏天是在NFL紅雀隊的訓練基地度過，那裡是弗拉格斯塔夫市（Flagstaff）的山間。在海拔約兩千一百公尺的山上，呼吸著傳來松樹清香的空氣，球員們開始為即將到來的賽季做好心理準備。在七月明媚的陽光下，新人與老將為了保全自身事業而奮勇賣命，進行短跑比賽。他們穿上護具，在一天兩次的練習中直面衝撞。

我們都想贏。每個運動員都想成功。但真正能辦到的就是那些人，**他們能分辨自己只是想想，或者真的為了獲勝而願意犧牲**。高海拔訓練的最初幾天，我就能透過觀察球員的眼神，以及肢體語言，分辨出哪些人決心付出代價來實現自己的夢想。其中一位就是瑞奇．普羅爾（Ricky Proehl）。

我一九九〇年認識了瑞奇，當時他剛從威克森林大學（Wake Forest）畢業。他參加了印第安納波利斯市的ＮＦＬ聯合測試營。在大會上，成百上千的新秀在春季選秀前參加面談，過磅、測量、計時、檢驗與評估。身為紅雀隊的顧問，我與數十名球員面談，我立刻就看上瑞奇．普羅爾。這個來自紐澤西州的自大傢伙不是ＮＦＬ球員的典型。大部分球探都認為他個頭矮小，而且速度可能不夠快，無法與職業賽中那種無影腳角衛（Cornerbacks）或安全衛（safeties）相抗衡。但我欣賞他的態度，我佩服他的自信。

瑞奇連續三年帶領威克森林大學球隊贏得獎學金。他創下了該校的紀錄。他看到自己在ＮＦＬ打球，就像德懷特．史密斯年輕時看見自己在瑞格利球場穿著小熊隊球衣那樣。大西洋沿岸聯盟（Atlantic Coast Conference）球隊與瑞奇打過球的候選人，也紛紛驗證了他的職業道德，「你說瑞奇・普羅爾？他撲向你，一場又一場沒完沒了」、「他的路線很厲害」、「這傢伙是個戰士，他不會退縮的」。我希望紅雀隊選他，而他們第三輪就選了他。

十年後，在NFC（國家美式足球聯會）冠軍賽的第四節後段，洛杉磯公羊隊打破了僵局。他們以五比六落後坦帕灣海盜隊（Buccaneers），這簡直是棒球比數。時間剩不到五分鐘，公羊隊的四分衛庫特・華納稱這場比賽為「585H—選擇計畫」。那一位公羊隊的第四接球手從左邊的邊線起跑。他抬頭盯著在上方的燈，睜大眼睛。球來了，是高速的旋轉球，這位接球手用右臂擋開了防守員，用左手將球接下。

達陣得分。他那三十碼的接球贏得了比賽，讓公羊隊進入了超級盃，背號八十七的球員——瑞奇・普羅爾登上了《運動畫刊》的封面。他那天說：「這就是我在NFL十年來的夢想。」這個來自威克森林大學的孩子，曾被紅雀隊交易到西雅圖某支落敗的球隊，然後被芝加哥一支糟糕的球隊交易，後來又輾轉進了聖路易斯一支四勝十二敗的球隊。他繞了圓頂體育場（Trans World Dome）一圈，手裡拿著NFL之父喬治・哈拉斯（George Halas）頒發的NFC冠軍獎杯。

佛羅里達大學的拉爾斯・安德士（Lars Anders）寫了一篇題為〈刻意練習〉（*Deliberate Practice*）的論文。他發現要達到專家的水準，需要十年的練習。瑞奇・普羅爾歷經無數次的接球，但他花了十年的努力才一夕成名。

在體育領域，正如在生活中，沒有任何東西能替代承諾。文斯・隆巴迪說這是心之力量，這位名人堂教練說：「一個人想成為怎樣的人，他就能成為那樣的人。如果你相信自己，有勇氣、決心、奉獻精神與競爭動能，如果你願意犧牲生活中的小事，去為有價值的東西努力付出，你就能實現。一個人只要願意承諾……他就已經把世上最強大的力量，當作自己的後盾，我們把這種東西稱為心之力量。一旦做出承諾，就沒有人能阻礙成功。」

聽聽頂尖打者湯尼・關恩（Tony Gwynn）的說法：「欺騙自己、得過且過是很容易的，但這是許多人在做的事，得過且過。但那些想要成功，而且維持自身成功的人，他們必須努力一點，做得更多。」

入選名人堂的羅德・卡魯（Rod Carew）說自己見過很多天賦異稟的球員只是懶得工作。「但才能沒多久就消失了，」卡魯說：「我也見過有些平庸的球員，但他們在大聯盟一待就是十四、十五年……你必須**想努力**把事情做好才行。」

從世界排名第一跌到第一百四十一名之後，阿格西決心東山再起，他堅信如果讓自己的身體達到最佳狀態，沒有人能擊敗他，阿格西說：「你一定要努力，重新讓自己振作起來，否則難保不會過得渾渾噩噩。」細細觀察阿格西令人振奮的回歸時期，你會發現他願意在球場練功，直到他能夠擊敗他的主要對手皮特．山普拉斯（Pete Sampras），這就是他對自己的承諾。

羅布．埃文斯（Rob Evans）則讓密西西比大學歐勒籃球隊（Ole Miss basketball program）變成一支強隊。這位現任亞利桑那州立大學（Arizona State）總教練這樣訓誡他的球員：「各位，你們可能不如麥可．喬丹優秀，但你們沒道理不能像他那樣投入努力與熱情。不管你天賦在哪裡，你總是可以努力。」

你呢？你對這本書做出承諾了嗎？為了學習的快樂讀這些課程是好事，但只有在你越過那條線，親口說你會回答書裡的問題，並且實際練習之後，成果才會出現。心智技能，就像是身體技能。只有實踐才會有所改變。

我最喜歡的一句話來自前網球巨星比約恩．博格（Bjorn Borg）：「我記得自己以前每天放學後，都會搭火車到斯德哥爾摩打球，很晚才回到家，接著讀書，然後起床去上學，又再度坐上火車，數年如一日。這些事情有了成果。但即使沒有，縱使我當不了第一名，我仍然知道自己已經盡力而為。我試了，我坐上了火車，我嘗試過了。」

你坐上火車了嗎？你在正軌上面嗎？如果沒有的話，你究竟在等什麼呢？

一夕成名需要多年努力。

你是否願意做出承諾，並為此付出代價？

4 讓你偏離目標的「致命干擾」

「障礙，就是當你把目光從目標上移開時所看到的任何東西。」
——吉姆・拉斐爾（Jim Lefebvre），棒球名人

「縱使有一切干擾的事物，請依舊專注在工作上。」
——雷吉・傑克森（Reggie Jackson），籃球好手

諾塔・貝蓋（Notah Begay）這個名字在納瓦荷語（Navajo）的意思是「就快到了」。他參加美巡賽（PGA Tour）的新秀賽季結束時，高球界一致認為他已經到了。貝蓋是純正的美洲原住民，一九九九年贏得兩場錦標賽的冠軍。這個年輕人曾在史丹佛大學與老虎伍茲打過大學高爾夫，並修得經濟學學位。他是納瓦荷之光，激勵了他的族人。

但在他的家鄉新墨西哥州阿布奎基市（Albuquerque）授予他「諾塔・貝蓋日」的榮

譽之後兩個月，二十七歲的他因為酒駕被捕定罪，登上了令人尷尬地新聞頭條。貝蓋向新墨西哥州法官陳述他之前在亞利桑那州的酒駕罪行後，被判監禁七天。他還被罰款，而且要進行社區服務。

為了他的名譽，貝蓋把責任歸咎到自己身上：「你們看到的是一個要進監獄的人，」貝蓋對一群到某家小兒科診所的孩子們說：「我不想看到你們經歷我不得不去收拾的殘局。但我當初的選擇是錯的，我要為此負責。」

不久前，我接到了ESPN體育頻道的電話，菲尼克斯電台（Phoenix radio）的某個附屬電台想要採訪我，主題不是關於心智訓練或頂尖運動，而是關於我們在該領域所見的所有問題。體育版每天都會出現悲慘、令人嘆息的標題：禁藥、家暴、親子訴訟、槍械、酒駕、車禍、死亡。我身為好幾支職業隊伍的顧問，知道有不少人與運動員，他們的的職涯與生活已經被他們的錯誤選擇給破壞。

林恩．賴森（Lynn Larson）曾在老巴爾的摩小馬隊（old Baltimore Colts）贏得了超級盃冠軍戒指。林恩曾經和我一起做過關於「體育領域中的領導力」的會談，我們討論了他所謂的「致命分心」。正如我們在上一節說的目標設定，如果你想成功並實現夢想，那麼無論你的年齡與從事領域，你都必須集中時間與精力。**舉凡任何人和運動員，假如要充分發揮潛力，關鍵就是避開那些可能讓你偏離目標的干擾**。

傳奇投手薩奇．佩吉（Satchel Paige）也是一位哲人，他說：「對於惡習要適可而止，例如社交活動。社交上的閒散並不會讓人安寧。」佩吉也奉行自己的建議，而這至今仍然有效。

每年感恩節的週末，我都會在奧蘭多迪士尼樂園的葛瑞菲國際棒球營，對數百位年輕人演講。我在訓練營所做的，有一件事總是會引起熱烈回響──那就是我有一條假蛇，看起來非常逼真，會發出嘶嘶聲，甚至纏繞在人家的手臂上。站在眾人面前，會把手伸入布袋裡把蛇拉出來，高舉讓大家看。小朋友四處奔逃。

「下次如果有人帶毒品到你們的校園，我希望你們會有一樣的反應，」我告訴他們：「毒品和這條蛇一樣有毒。」

對運動點頭，然後拒絕藥物、尼古丁和增補劑。六屆奧運金牌得主卡爾．路易斯認為，關於毒品有三件事要記住：「第一，如果吸毒，你永遠不會知道自己的全部潛力；第二，你會賠上自己的健康；第三，吸毒就等於放棄自己。」

我很佩服喬・賈拉吉歐拉（Joe Garagiola），這位播報員暨前大聯盟捕手是無菸草運動的領導人物。他的好友比爾・圖特爾（Bill Tuttle）在嚼菸草多年後罹患口腔癌。老菸槍布雷特・巴特勒（Brett Butler）則是做了喉部腫瘤切除手術。喬向大聯盟球員們分析，試圖讓他們思考菸草對他們健康的影響，以及可能對小朋友造成的問題。

今日各式各樣的增補劑隨處可得。在一九九九至二〇〇〇年NBA賽季中，鳳凰城太陽隊（Suns）的前鋒湯姆・古格里奧塔（Tom Gugliotta）服用了某種膳食增補劑，他說是一位高中老友給他的，能幫助他睡眠。在波特蘭市（Portland）一場比賽過後，他坐在球隊巴士突然發作，暫時停止了呼吸。他住進了醫院，並裝上呼吸器。「我用了一些我確實不太了解的東西，」古格里奧塔說：「這樣做不對，而且我差點就沒命了。」

追隨你的目標，而不是隨波逐流。前奧運游泳冠軍珍妮・特埃文斯（Janet Evans）說：「我有時會嫉妒朋友們去參加派對，我卻不得不去睡覺。但我的朋友老是告訴我，那些派對其實也沒那麼好玩。無論我錯過了什麼，我都彌補過來了：大部分的小孩參加不了奧運會，也不會贏得三面金牌，這絕對值得。」

球星凱文・強森（Kevin Johnson）十幾歲時，每一晚都去體育館練習。某天晚上，管理員對他說：「凱文，現在是星期六晚上耶，你怎麼不跟其他人一樣去參加派對呢？」

「派對，」強森回答：「不會把我變得更好。」

不要做讓自己、家人或團隊難堪的任何事——喬・吉布斯（Joe Gibbs）在執教紅人隊參加超級盃時，就宣揚過這個觀念。公認傳奇教練的喬・巴格爾曾是吉布斯的助理教練，當他成為紅雀隊總教練時，他把這句話當成自己的首要原則。

與「能讓你更好的人」往來。太陽隊的傑出新秀理察・杜馬斯（Richard Dumas）與毒品抗爭。他在休賽期回到塔爾薩市（Tulsa）老家，與老友相聚時遇到了麻煩事。有時你必須放棄舊的情誼，才能堅持下去實現你的目標。

要強大到能夠遠離問題。不少運動員成為靶子，布蘭奇・瑞基（Branch Rickey）告訴強大的傑基・羅賓遜（Jackie Robinson），他不要一個強大到能夠**解決**問題的人。他想要的人夠強大，能夠遠離問題。現在有些運動員會帶槍防身，在我看來，攜帶武器一點好處也沒有。

不要酗酒。有許多天才運動家因為酗酒，私人與職業生活變得支離破碎，大滿貫冠軍約翰・戴利（John Daly）就是其中一例。酗酒不僅毀了他的婚姻，也讓他損失了幾百萬美元的代言合約。前賽揚獎（Cy Young Award）得主德懷特・古登（Dwight Gooden）說：「我現在知道，是喝酒把我的快速球毀了。」酒駕還讓響尾蛇隊一位前途似錦的年輕球員喪生。如果你到了喝酒的法定年齡，請遵照克努特・羅克尼的原則：喝第一杯，小酌第二杯，拒絕第三杯。

對自己的生活與行為負責。有太多成功的運動員不認為社會規則適用於自己。

你的成果取決於你看向的地方。

專注於目標，避免致命干擾。對夢想說「是」，對毒品說「不」。

5

「完美主義者」失敗的理由

「這確實取決於你的生活哲學。你想求平穩、更上層樓，還是抓住機會、一飛沖天呢？」

——吉米．強森（Jimmy Johnson），NFL巨頭教練

「最起碼你不能害怕失敗。」

——傑瑞．柯朗格洛（Jerry Colangelo），企業家

有一句棒球的格言：你不可能盜上二壘，同時腳卻還在一壘。我每次聽到這句格言時，我都會聯想到瑞奇．韓德森（Rickey Henderson）悄悄離開一壘包，帶著目標擴大距離，慢慢地，他警惕的盯著投手，內心燃起盜壘魂。如果韓德森害怕被判出局，他有可能成為大聯盟的盜壘王嗎？貝比．魯斯（Babe Ruth）又是如何？如果他害怕三振，

他會打出七百一十四支全壘打嗎？他被三振一千三百三十次！

答案顯然是否定的。然而，對失敗的恐懼比起任何事，都更加阻止你在生活各個層面中無法發揮潛能。對失敗的恐懼比任何對手更會阻礙我們成功。恐懼創造了阻礙運動員勝利的所有條件。

「害怕失敗會侷限一個選手，」前匹茲堡鋼人隊教練查克・諾爾說：「恐懼或許會殺死他這個人。如果一個人老是擔心失敗，他就會緊張到註定失敗。」

體育領域有個悖論，即害怕失敗實際上會助長失敗。正如諾爾所言，消極的想法威脅你、壓抑你，讓你情緒緊張。害怕失敗會導致肌肉緊繃、呼吸急促，它使你的身體系統負荷過重，恐懼讓你的表現平淡。恐懼讓你變得無足輕重。

以下是一個有趣的實驗：去拉個極度害怕失敗的人來，給他幾張紙，請他把紙從三個不同的地方扔到同一個廢紙簍裡——首先在簍子上方，再來是五公尺遠最後是十公尺。研究表明，那些害怕失敗的人在五公尺的地方最為焦慮。站在簍子旁邊，他們知道一定會丟進去。在十公尺外，他們對成功沒有任何期待。但在五公尺的地方，因為他們覺得自己應該能把紙球丟進簍子，卻同時知道自己可能失敗。

高爾夫球也有這種情況。球員面對一個不可能進球的四十英尺推桿，會比面對可怕的四英尺推桿更放鬆。為什麼？因為他害怕失敗。**當你不怕失敗時，你成功的機會就會提高。**

這種恐懼從何而來？通常，害怕失敗的背後是完美主義。我認為現今的社會助長了完美主義。我們自小在學校，就會告知自己在考試中所「做錯」的事，而不是「做對」的事。我讀研究所時，我告訴我的輔導員，我是一個完美主義者。「哦，是嗎？」輔導員回答：「蓋瑞，說說看你有什麼表現是完美的？」

大家知道珠寶鑑定家如何分辨真假祖母綠嗎？贗品是完美的，而真正的祖母綠是有瑕疵的。沒有人是完美的。

通常，**在追求成功與卓越的想望之下，都會有種批評、苛求與論斷的聲音，而這種內心的聲音會打擊一個人的心智與情感**。西恩．艾斯特斯的故事讓我們學了一課，他發覺自己是急躁的完美主義者。而瑞克．沃爾夫（Rick Wolff）為克利夫蘭印第安人隊（Indians）工作時，他寫了一篇關於「完美投手症候群」的文章。這種情況的其中一例如下：有個優秀的 3A 投手被叫上大聯盟，他認為自己必須完封大聯盟打者，而不是相信自己的實力。所以他試著投到好球帶邊緣。他是這場大比賽的新人，裁判不會故意找麻煩。但他越努力去進攻打者的內角，他的球數就越落後。他越是落後，打者的優勢就越大。當投出的第一球是好球時，大聯盟的平均打擊率會低於兩成，如果投出的第一球是壞球，則平均打擊率就會超過三成。

「拖延」是某些完美主義者的一部份。拖延的人什麼也做不了。因為不做任何事，他們就不會失敗。這是一種抑制，也是自我挫敗的惡性循環。

恐懼使人不敢冒險。有時，最大的風險在於不承擔風險。如果傑瑞．柯朗格洛害怕失敗，這位體育界最成功的企業家就不會離開他長大的芝加哥亨格利山（Hungry Hill），也不會在伊利諾伊大學（University of Illinois）打籃球，更不會搬到西南一帶的沙漠區去經營新的NBA球隊——即太陽隊。假如柯朗格洛不願承擔風險，在鳳凰城市中心就不會有美西球館（America West Arena），亞利桑那州說不定也不會有大聯盟球隊。

網球天后比莉．珍．金（Billie Jean King）對「失敗」做了深刻的描述，她說運動家應該把失敗視為一種反饋。全明星投手葛瑞格．麥達克斯則有另一種觀點：「失敗是世上最好的老師……在真實的競爭裡，你會從發生在你身上的好事與壞事當中學習。在我的職棒生涯中，我已經放出了很多次得分的機會，這表示我犯了很多錯，而我必須從中吸取教訓……打者會用一種有趣的方式來告訴你，那樣投球是行不通的。」

不在失敗中學習，就是在學習中失敗。透過把失敗視為反饋，你可以改變自己的感受。

麥可．喬丹說恐懼是一種幻覺。他和許多頂尖好手都學會了將恐懼轉化為憤怒。我們可以逃避恐懼，也可以憤怒並予以痛擊。如果你挑戰喬丹的自尊，他是不會害怕的。他會利用這種能量，讓自己變得更具攻擊性。優秀的運動家會克服對失敗的恐懼，並將其扭轉。

將恐懼看作成長、學習的必經之路。成功者不怕失敗。失敗為成功之母。

學習如何成功地失敗。討厭失敗，但別懼怕。

學習把失敗看作是一種反饋。

6 以強大的「自我意象」克服「認知失調」

「人無法超越自己的自我意象。」

——丹尼斯．康納（Dennis Connor），帆船好手

「生命是一連串自我實現的預言。」

——約翰．那伯魯（John Nabor），奧運游泳紀錄保持人

在錦標賽開始之前，幾乎沒有人給他參賽機會，更別提獲勝了——維爾德（Jean Van de Velde）是個一賠一百五十的大冷門。但讓高球界和蘇格蘭博彩業者跌破眼鏡的是，他在週日站上卡洛斯蒂（Carnoustie）球場第七十二洞的發球台上，以三桿的優勢在一九九九年英國公開賽（British Open）位居領先。

還剩下一洞，而維爾德要做的就是在六桿內打進第十八洞，就連比標準桿多出兩

桿（double bogey）也能抱回高球最歷史悠久的獎盃。有個理智而柔和的聲音告訴這位法國紳士，要他做一個明智之舉：保守一點。先用五號鐵開球，然後用五號鐵再打一次，接著用短距切球桿把球送上果嶺。之後再兩個推桿，維爾德就能親吻他的妻子，舉起冠軍獎杯慶祝——他將成為九十二年來首位贏得高球重要比賽的法國人。

但維爾德打得並不保守。天色越來越暗，下起了細雨，他用自己的開球木桿打球。球偏掉了，維爾德沒有在他的下一桿把球送回球道，反倒用了二號鐵全揮桿，球從看台上反彈，並消失長草區。他下一桿從可怕的位置，打到了果嶺前方蜿蜒的水域。這下大家都尷尬極了，看著他自顧自地把這場公開賽變成像《悲慘世界》一樣強烈又悲慘的舞台劇。

維爾德不是打六桿，而是打了七桿，最後在延長賽中落敗。這場噩夢結束時，目睹這場比賽的人都提出了同樣的問題：「維爾德，你為何不保守一點？為什麼要用二號鐵桿？」這位亞軍聳聳肩：「下次我會打挖起桿。」維爾德露出勇敢的微笑：「你們會笑我懦弱，但我會打挖起桿把球救回球道的。」

他當時為什麼不那樣打呢？因為維爾德不是那樣看他自己的，儘管保守的打法可以確保他的勝利，但他還是勇敢無畏地打了這一洞。「他必須這樣打球，」他的妻子碧姬（Brigitte）說：「他整個星期都是這樣打球的。」維爾德**忠於自己的自我意象**。

維爾德意外敗北，讓某個蘇格蘭的莊家看起來似乎像先知，因為那個人在維爾德的最後一輪比賽前說「領先並不重要」。這個賭徒用手指敲了敲自己的頭，似乎是在表達，他對原本一路領先的維爾德的抗壓力沒有信心。但在歐洲巡迴賽只贏過一次冠軍的維爾德已經走出了他的舒適圈。

心理學有個「認知失調理論」（cognitive dissonance），**它被定義為一種令人不舒服的心理狀態，發生在當你看待自己的方式與真實發生的事有所衝突時**。不少經歷過認知失調的人，最終都躲回了他們的舒適圈。

「我們都有自己想要的舒適圈，」美洲杯帆船賽隊長丹尼斯．康納說：「想像一下，一位高球好手對上傑克．尼克勞斯。他的自我意象可能是一個高球好手，但還不足以打敗尼克勞斯。如果他打敗尼克勞斯，他會對自己的新形象不安。所以他盡可能回到自己的舒適區，就算這表示，他將會在十八號果嶺上的兩英尺推桿失誤。」

安妮卡．索倫斯坦（Annika Sorenstam）就是一個很好的例子，這位美國女子巡迴賽冠軍在一次採訪中表示，她在職業生涯早期，害怕在公共場合裡發言，成為大家的焦點讓她相當不自在，所以她會故意在比賽後段推桿時失誤，這樣她就會是第二名。**害怕成功，也就是害怕失敗的下一階段**。

我愛打高爾夫，我搬到亞利桑那州時學會打球。我有天在家鄉的球場上，打到第十一或十二洞時，有個人告訴我：「蓋瑞，你知道你的桿數等於標準桿嗎？」我是個差點在十，但我的自我意象並不是個能打到標準桿的球手。當我聽到「你在打標準桿」的時候，就覺得有股巨大的壓力，結果下一次開球時，我把球打出界，多標準桿數三桿，我吞下了三柏忌（triple bogey）。不過在那之後，我又放鬆了，因為我回到了我的舒適圈。

有很多運動員眷戀著舒適圈，我看見3A裡有不少這樣的棒球員。我在上一個休賽期，與一名表現最好的投手合作。他在3A是高手中的高手，但每次讓他上去大聯盟時，他就會崩潰，他看不見自己能讓大聯盟的打者出局。

紅雀隊曾經簽下一名天才跑衛，他和NFL裡的其他人一樣魁梧壯碩。但他不認為自己是先發，他甚至無法想像自己會成功，他的自我意象不允許他這麼做，所以他一直沒辦法出賽。

限制，始於願景的結束之處。你必須把自己看作是無所限制的人。每英里（約一千六百公尺）四分鐘的速度，多年來都被認為是不可能突破的。一九五四年，羅傑．班尼斯特（Roger Bannister）以三分五十九秒四的成績跑完一英里。接下來兩年，又有其他五十位選手打破了這個障礙。為什麼？他們有一個意象。在班尼斯特身上，他們有了成功的模型。

丹尼斯．艾克斯利（Dennis Eckersley）認為自己是先發投手，只有當他重新塑造自我意象，並將自己看成救援投手時，他才能成為王牌。最近退休的芝加哥小熊隊播報員史蒂夫．史東（Steve Stone）是前大聯盟投手，他談到重新組織自己的潛意識，他說：「就像把黑板擦乾淨，重新開始。在我贏得賽揚獎之前的春季，我必須坐下來說服自己，我比勝率五成的投手更強。」

人類是唯一會阻礙自己成長的物種。父母能給孩子最重要的東西，就是一個積極的自我意象。很多人好奇一百六十三公分高的斯普德．韋比（Spud Webb）認為自己憑什麼在NBA打球？吉姆．亞伯特（Jim Abbott）又如何指望自己只用單臂打棒球？他要怎麼投球？奧運金牌得主威瑪．魯道夫（Wilma Rudolph）說，她必須克服許多恐懼和自我意象才能位居領先，她第一個挑戰是學習不靠支架走路[1]。

我的工作，大部分都在「拉伸」而非「收縮」。我幫運動員擴大他們的舒適圈，鼓勵他們冒險。如果你看不見自己成功的畫面，或覺得自己不配成功，你就會阻礙自己。樂於承擔風險。要記住，人生中沒有絕對的安全感，只有冒險。

限制，始於願景的結束之處。

想像成功，給自己成功的門票。

1 魯道夫幼時罹患猩紅熱，引發小兒麻痺，導致左腿殘疾。她九歲時第一次試著不靠支架行走。

7 超級動機：「害怕失敗」或「渴望成功」？

「我們每個人的內心都有團火。我們的人生目標就是找到它，並讓它持續發光。」

——瑪莉·盧·雷頓（Mary Lou Retton），體操皇后

「我一生最想要的就是，當我走在街頭，大家會說：史上最偉大的打者來了。」

——泰德·威廉斯（Ted Williams），大聯盟三冠王

他還記得，很久很久以前還是小男孩時，他凝望夜空，每次看到流星就許一個願。他說：「拜託，請讓我成為我想成為的打者吧。」隨著年紀增長，他對棒球的熱愛，並沒有像很多童年美夢那樣消逝。這項技術變成他的重心，他的激情所在，他的唯一目

標。「一個人一定要有目標，不管是一天、一輩子的目標，」他沉思道：「我的目標就是要讓大家說，他是泰德．威廉斯，史上最偉大的打者。」

一九九九年七月十三日，大聯盟在波士頓的芬威球場（Fenway Park）舉辦了一年一度的仲夏經典賽。這是個美好的夜晚，非常適合觀賞星空。大會向擠爆球場的觀眾，介紹國聯與美聯的全明星隊，當作賽前慶祝活動的一部分。也介紹了傳奇人物，播報員一個接一個介紹大聯盟世紀球隊[1]成員。

快結束時，這座最古老的球場裡出現了一輛高爾夫球車。我跟數百萬電視觀眾一樣，看著它緩緩繞行球場，坐在裡面的英雄人物微笑著、揮手，向現場熱情的歡呼者致意。

閃光燈像是星星般閃耀，播報員歡迎他並向他致敬時，那聲音聽起來充滿了敬意：「那是泰德．威廉斯！史上最偉大的打者！」

「動機」是個頗熱門的詞，尤其是在體育運動方面，它來自拉丁語，意思是「去行動」。運動員有兩種行動方式，一種是去追尋樂趣（獎勵），另一種則是避免痛苦（懲罰）。**動機可以是對成功的渴望，也可以是對失敗的恐懼**。威廉斯是大聯盟最後一次當季賽季打擊率超過四成的打者——我相信最值得效法且最積極的動機，就是促使泰德．威廉斯實現他目標與夢想的動機。

運動員要成功，說起來取決於這四大因素——身體素質、體能訓練、心智訓練、渴望或動機。然而，**對成功的渴望需要比對失敗的恐懼更強烈**。

勝投王大衛．柯恩（David Cone）說：「你會聽到很多運動員說，他們的動機是害怕失敗。我完全不同意。對我來說，這是一個機會，這就是我們的人生和打球的目的。比起去別的地方，我一心只想待在這裡、在此刻，在接下來的關鍵時期，為洋基隊投下重要的比賽。」

拳王阿里（Muhammad Ali）體現了我最愛的其中一個動機的故事。他在路易斯維爾市（Louisville）長大時，找了一份包裝商品的工作。他沒賺到多少錢，但夠買一台二手自行車。他喜歡那台藍色自行車，為此他十分得意，這是他辛苦掙來的。有一天他的

1 一九九九年，《體育新聞雜誌》（*The Sporting News*）選出大聯盟史上最傑出的百大球員，再請球迷選出大聯盟世紀球隊（All-Century team）的球員名單。

自行車被人偷了，他傷心欲絕。

「那個夏天，我踏遍整個路易斯維爾，要找那台自行車，」阿里說著，吐露他的心聲：「我走啊走、看啊看，直到現在都沒找到。但我每次走上擂台，我都會看著對面那個拳手，然後對自己說，嘿，那個偷自行車的傢伙就在你前面！」

運動員會用不同的方式找到動機。羅傑．克萊門斯（Roger Clemens）就說自己是在別人的懷疑中成長的。這位投手在一九九七年球季開始時，一心想證明紅襪隊讓他離開是錯的。

最成功的運動家都是自我激勵的。「最重要的是要愛你的運動，」前奧運花式滑冰冠軍佩姬．佛萊明（Peggy Fleming）說：「永遠不要為了取悅別人——這件事是屬於你。就是這樣，而這一切將證明成功所需的努力。」

在一個精英青少年運動員的研討會上，我請一名年輕人說說他最愉快的運動經歷。他回憶起十、十一歲時，講到投籃的樂趣。這個少年重溫過往時，他父親的眼裡充滿淚水。為了父親的緣故，這個想退出高中球隊的年輕人仍在打籃球。這是他父親的夢想，而不是他自己的。

我們追求會讓我們快樂的東西；我們會避免與痛苦相關的東西。對孩子來說，運動應該是一種愉快、積極和有益的體驗，但太多時候，敏感的年輕人會因為教練而為難，或者擔心要取悅父母。這時運動成為一種痛苦，甚至是懲罰的經驗。身為教練，我希望我的孩子們玩得開心。我希望他們充滿渴望與幹勁。我希望他們感覺自己在進步，並關注過程而非結果。

動機讓你朝某一個方向前進。任務造就了情感。克萊門斯離開紅襪隊之後，執行了他的任務。阿諾·史瓦辛格也身負使命，他的願景創造了他所謂的「權力欲」，史瓦辛格宣布：「我之所以想成為宇宙先生[2]，是因為我清楚地看到了自己，就站在舞台上、壓倒對手。」

卡爾·路易斯也一個野心勃勃的使命，以及強大的願景：「我希望人們記得我是這樣的人——一個認為身體與心智能達成無限的人，能鼓舞並引領眾人，做他們從沒想過要做的事情。」

2 健美比賽稱號。

在春訓時，艾力士·羅德里奎茲為自己和水手隊的隊友們設計了T恤，上面印出來的字寫著：「各位，我們負有使命！」

你呢？你心中也有燃燒的熱情嗎？你有使命嗎？說說看？你的動機從何而來？如果是對失敗的恐懼，那就讓它消失。最好的動機是「想要」的力量，即達成目標會讓你驕傲的願望。

找出你的熱情並實現它。有使命、有目標地生活。動機在於對成功的渴望，而非對失敗的恐懼。

8 自律者的4D靈藥

「動機讓你不斷前進，紀律讓你堅持下去。」
——吉姆．萊恩（Jim Ryan），教育家

「唯一能持續的金律就是自律。」
——邦恩．菲利浦（Bum Phillips），NFL名教練

幾年前，鳳凰城地區的一個學區對當地高中運動員進行了調查。結果證實了不斷謠傳的臆測。在接受調查的三所高中的學生中，有超過兩成的人表示，自己認識正在使用類固醇的隊友或其他運動員。

仙谷鎮（Paradise Valley）迅速採取了行動。地方政府認為學校有義務防範毒品危害，因此對高中運動員進行了隨機藥檢。這項計畫成為全國新聞，引發熱烈的激辯。

區外人士告訴行政官員，藥物測試可能會使區內的運動員處於競爭劣勢，「他們認為，由於他校的人都用了類固醇，所以我們的運動員不用類固醇就沒辦法比賽，」地區行政官員托比・史班塞德（Toby Spessard）說：「這種邏輯很奇怪。如果我們的運動員擁有健康的身心，知道比賽將是公平競爭，我認為這對我們來說才是巨大優勢。」

當時，我是NFL紅雀隊顧問，該學區人員來詢問我能否參加委員會，制定計畫來對教練與運動員進行藥物相關的教育，並提出在不使用藥物（尤其是類固醇）的情況下，提升成績的策略。

美國奧林匹克委員會有位運動醫學醫生進行了一項研究，他向年輕運動員提出這個問題：「如果有一種藥，可以幫你贏得奧運金牌，但它會讓你少活五年，那你要使用嗎？」超過一半的人回答「要」。

學習如何運用心智，與用藥一樣都能有效地提升表現。在醫學研究中，有許多服用安慰劑、糖片的患者表示自己的身體狀況有所改善。為什麼？原因在於心智的力量。

我為不沾藥物的運動員開發了名為「天性」（The Naturals）的心智訓練計畫。當晚我在與數百位高中運動員及家長會面時，概述了這一項計畫，有兩位紅雀隊球員與我同行，加思．傑克斯（Garth Jax）和羅恩．沃爾夫利（Ron Wolfley）。

有人說，沒有恐懼的人要不是住在精神病院，不然就是待在特勤組（special team）。沃爾夫利就是在紅雀隊的特勤組。他執行全明星賽球員的敢死隊式跑動任務，用棄踢（punt）和開球的方式在前場飛馳，全速衝撞迎面而來的對手，冒著極大的健康安全風險。身為球員，他無畏而堅韌，是休息室裡最受矚目的球員。

我向聽眾介紹沃爾夫利時，他傳達的訊息帶有他比賽時的能量和激昂。沃爾夫利談到了他認識的一位前NFL球員，這傢伙用了類固醇，並且病得很重。「我見過類固醇，我要告訴各位，我不會用任何這類東西，」沃爾夫利宣布：「我唯一使用的藥物，只有這四個D，」他一個接一個地唸出來，嗓音在寂靜的禮堂迴盪：「Desire——**渴望**、Dedication——**犧牲**、Determination——**決心**、Discipline——**紀律**，我用的藥就是這4D！我不必去某個街角買，也不花我半毛錢。」他指著自己的胸膛，指著他的心窩：「這些東西就在這裡。」

心智靈藥1：渴望（Desire）

我們在上一節詳細討論了渴望。實現目標時，「想要」的力量與「意志力」同樣重要。你有什麼渴望？你渴求什麼？泰德．威廉斯很小的時候，就已經發現自己獨特的渴望。那你夢想又是什麼？你有多想達成？

心智靈藥2：犧牲（Dedication）

犧牲精神會把渴望變成行動，而行動需要長久的承諾。美式足球教練盧．霍茲說：「如果你不完全投入你正在做的事，那當你的船開始漏水，你只會笨到想把水舀出去。」投手之神蘭迪．強森說他人生中最悲痛的事，就是他父親在一九九二年聖誕節去世，這後來成為他職業生涯的轉捩點。「那是我心智更廣大的一年，」強森說：「這關於成熟，關於我心智的轉變，關於我犧牲自己成為最棒的人。」

心智靈藥 3：決心（Determination）

每個人都想成功，而成功人士都有著堅定不移的決心。他們會自我激勵——正是這一種激勵支持著傑克．尼克勞斯，他職業生涯的早期，在練習場裡一小時又一小時不間斷練習，直到太陽下山。

「我們走吧，」他的新婚妻子芭芭拉不耐煩地喊著：「我好餓。」練球練到雙手長繭的尼克勞斯又打了一球，把球打到昏黃的燈光中。他回答：「我也好餓。」

心智靈藥 4：紀律（Discipine）

紀律，是指無論你是否願意，都得做你需要執行的事。**最持久的一種紀律——即自律，是以行動為導向的**。能自律就不會拖延，也不會去找藉口。入選名人堂的前牛仔隊教練湯姆．蘭德里（Tom Landry）說：「設定目標並不是最主要的，而是實現它並堅持這個計畫的方法。這一切的關鍵就在於紀律。」

當你有了自己的夢想和方向，
渴望、犧牲、決心和紀律這4D靈藥會讓你繼續接近目標。
請不時問問自己：我是否言行一致？

第三部

組建成功心智狀態

1 化「消極」為「積極」的3P心態

「我堅信人生中唯一的憾事，就是不良的態度。」
——斯科特．漢密爾頓，花式滑冰冠軍

「差勁的態度比差勁的揮桿還糟糕。」
——佩恩．史都華（Payne Stewart），大滿貫冠軍

態度就像一副眼鏡，它是我們觀察世界的鏡片。正面積極的人會戴著玫瑰色或透明鏡片看周圍的生活，而負面消極的人則是透過模糊、暗淡的鏡片看事情。這兩種類型的人，面對同樣一件事情或情況時，會從兩種完全不同的角度來看待。

態度會影響我們的行為和感受，也會影響我們的表現。前大聯盟球員戴夫．溫菲爾德（Dave Winfield）說：「決定你高度的是你的態度，而不是你的素質程度——態度決

定你走得多高，在成功的階梯爬得多遠。

樂觀主義者有著積極的期望，有助於他們實現自己的目標。他們的態度也是積極進取的。他們採取行動，是他們自己認可的行動。悲觀主義者則抱持消極態度。他們會推卸責任，或是專注在自己根本做不到的事情。因此悲觀主義者常常成為自我應驗預言[1]的受害者。

怎麼會有人不想當一個樂觀主義者呢？全球知名的梅奧診所醫學中心（Mayo Clinic）研究表明，樂觀主義者的平均壽命比悲觀主義者還要長。賓夕法尼亞大學（University of Pennsylvania）則追蹤了一百二十名心臟病發作過一次的男性，八年後，研究人員發現，有八成的悲觀主義者死於第二次發作，但樂觀主義者卻只有三成三。其他研究還指出，樂觀有助於讓我們在工作、學校和體育方面成功。

正向心理學運動之父馬丁・賽里格曼（Martin Seligman）在他的著作《學習樂觀，樂觀學習》（*Learned Optimism*）中，研究了紐約大都會隊和聖路易紅雀隊兩支棒球隊。在採

1 自我應驗預言（self-fulfilling）指個體先入為主的判斷，將多少影響行為，最後在不經意間使預想成真。

訪了球隊經理和球員之後，他預測在接下來的一年裡，紐約大都會隊將會大勝，而聖路易紅雀隊則會大敗。**在天賦相當的狀況下，正向樂觀的球員會比負面悲觀的球員表現更好**。

一九九五年全明星賽之後，我每年賽季中期都會去西雅圖探視水手隊。當時，參加過全明星賽的提諾·馬丁尼茲（Tino Martinez）在他的壘包上掙扎求存。我在國王巨蛋（Kingdome）裡找到了他，他正在練習打擊。提諾看起來很放鬆、很開心，在練習之間，他與小葛瑞菲和水手隊先發陣容的主力們說笑逗鬧。當時在附近，還有另一名最近3A上叫來的球員——他在大聯盟裡的第一棒就揮出全壘打——則是一點也不開心。每一球之間他都在喃喃自語，而每次揮棒後他都咒罵表現。他的肢體語言表明了他的苦勞，以及那巨大的壓力。這孩子看起來像弓弦一樣緊繃。

後來，我進去經理辦公室，把我的研究結果告訴了婁·皮涅拉。提諾和其他球員的案例，提供了一項有趣的對比研究。

「麥克，」皮涅拉告訴我：「提諾就像我以前的樣子。我們一遇到難關，會迫不及待想去球場，因為我們知道自己應該有好一陣子要熬。但很多年輕人會開始懷疑自己的能力，有所顧慮。但表現完全取決於態度。」

有一天，我在高爾夫球場練習攻果嶺，我瞄見棒球名人堂的羅賓・揚（Robin Yount）。他說他已經等不及開球了，他很想趕快進入球場。

「你打得好嗎？」我問他，以為他會給我肯定的答案。

「不好，我真的打得不太好，」揚回應我，然後他對我笑了笑：「但我知道我應該會有大突破啦！」幾個小時後，我在停車場看到他時，羅賓說他剛才那一場打得很痛快。

雖然積極的態度未必一定有效，但消極的態度卻總是會有負面影響。既然未來是未知數，何不表現得好像自己會有美好的一天呢？如果你不願相信積極的思考，那就只管擺脫消極的思考吧。

亞利桑那紅雀隊在客場贏了一場重要比賽，而在長途飛行的歸途中，隊員們歡笑著慶祝勝利。他們開玩笑的對象，大多都是針對狹窄走道上走動、送餐的空服員。當飛機在夜空中輕輕搖晃時，我對一位飽受騷擾的空服員釋出同情的微笑。她的親和與耐性已經受到了很大的考驗。

走過我的位置時，她翻了個白眼，嘴上默念著一句自我提醒的積極咒語：「我愛我的工作……我愛我的工作……我愛我的工作。」

態度是後天學習而來，從年輕時就開始了。好消息是，**態度也可以不用靠後天學習而改變**。我們可以訓練自己正面地看待負面事件。我曾經與一位加州大學洛杉磯分校（UCLA）網球運動員合作，原本她痛恨延長賽。她說：我從沒在延長賽贏過。她用一種消極的聲音對自己喊話，她因而開始相信這句話，但隨著時間過去，她開始能改變自己的態度。後來，她用積極的態度取代了那個消極的聲音：我愛延長賽，延長賽激發出我最棒的一面。

我們之前學到，人無法超越自我意象。假如你沒有養成積極的心態，你就無法創造出一種心理精神狀態，能幫助自己發揮體能的極限。

請遵照以下「將思維從悲觀轉為樂觀」的3P心態：

積極心態1：永久性（Permanence）

樂觀主義者傾向於認為，失敗或遭遇挫折時，所產生的失望都只是暫時的，而非永久的。

積極心態 2：廣泛性（Pervasiveness）

樂觀主義者不像悲觀主義者讓自己的懷疑與煩惱影響生活的各個層面，他們會將自己的問題放入一個「盒子」裡，不任由這些事分散自己的注意力。

積極心態 3：個人化（Personalization）

樂觀主義者習慣將勝利內化，並將失敗客觀化。他們的想法是：我們今天打得真精彩。我們應該贏的。今晚他們的運氣不錯。我們明天就會打贏了。但悲觀主義者剛好相反，他們會說：今晚我們會贏，真是幸運。輸了都是我的錯。我是個沒用的弱者。

有句話說，人生中有一成的事是註定發生，而有九成是取決於我們如何選擇、應對。讓我問問你，你有怎麼樣的心態呢？你積極嗎？你如何看待競爭、勝利、失敗與逆境？你如何評價自己對於壓力的反應？

態度決定高度。如果你認為你可以、或你不可以，那都有可能是對的。選擇權操之在你。

2 是跳板，還是冷板凳

「態度是一種選擇。每天積極思考，相信自己。」
——派翠西亞・舒蜜特（Pat Summitt），知名女籃教練

「不要讓自己做不到的事，耽誤了自己可以做的事。」
——約翰・伍登（John Wooden），傳奇籃球教練

上個賽季前十三場的比賽表現，加上他又被當地體育記者當成MVP人選，克里斯・錢德勒（Chris Chandler）相信自己理應就是亞利桑那紅雀隊的先發四分衛了。但一九九三年賽季開始時，他發現自己只能坐在替補席，教練喬・巴格爾用史蒂夫・布萊（Steve Beuerlein）取代錢德勒。布萊是自由球員，簽了一份七百五十萬美元的三年合約。

巴格爾的決定並不令人意外。事實上，這跟自助餐廳的菜色一樣都可以預測。教

練要保住飯碗，非贏球不可。而且在職業運動中，金錢萬能，這件事張口說「就這麼辦」。

錢德勒的腳踝在季前賽中受了傷，只能一瘸一拐地移動，所以就連他本人對教練的決定也不驚訝。但這次降級刺傷了他。「這有點尷尬。」他告訴媒體，球隊在賽季揭幕賽前一週宣布了這個決定：「我知道我不是那種候補的。」這個候補球員咬牙切齒地說。

賽季初的某一天，錢德勒在訓練結束、離開球場時向我走來。「你怎麼處理這種事？」他發問。

我是體育心理學顧問，我花了很多時間來輔導那些由於教練的決定，或因傷而無法上場的運動員。在這種情況下，我一時不知如何回應，我不確定該說什麼才好。

我喜歡錢德勒，印第安納波利斯小馬隊選中了他，然後為了傑夫・喬治（Jeff George）把他交易出去。接著坦帕灣海盜隊在賽季中期拋棄了他。在我的心裡，我認為錢德勒已經贏得紅雀隊的先發位置，並為他感到惋惜。

我在雜誌讀到一篇文章，內容講的是當自己的老闆。我告訴錢德勒，儘管他是候補球員，被趕下舞台，但他仍然是ＮＦＬ證券交易所掛牌上市的商品：錢德勒股份有限公司。

錢德勒每天都需要努力，才能讓他的股票價格攀升。沒有良好的心態將無濟於事。訓練時不盡力而為，只會降低他的價值。我提醒他，他離先發位置只有一場比賽，他必須全心投入並做好準備。如果球隊要交易他，他會希望紅雀隊的教練和球探對他有什麼評價？態度良好；努力認真；樂於接受指導；很有團隊合作精神。

錢德勒在那個賽季沒幾次上場機會。第二年他去了洛杉磯，然後去了休士頓，最終，他在亞特蘭大找到歸宿，並帶領亞特蘭大獵鷹隊（Falcons）進攻超級盃。**保持樂觀、願意堅持下去的人總會有喜事臨門**。

我對錢德勒說的話，也用來告訴小聯盟的球員，在３Ａ有一半的人認為他們屬於大聯盟，另一站則認為自己沒有什麼能證明的。我敦促他們認可自己是一間「公司」，而他們正在用每場比賽表現，來寫自己的職涯履歷。

坐冷板凳並不好受。儘管受傷是家常便飯，但對受傷的運動員來說，這是雙重打擊。他們不能做任何事，也不能善加利用那些不出賽的空檔。

前西雅圖水手隊投手艾瑞克・漢森（Erik Hanson）說，在傷兵名單上待了兩個多月，後來成為他最有價值的體育經歷之一。「我不只是坐在那裡等手臂狀況變好，」漢森打開話匣子分享：「我去看一位運動心理學家，我那時剛在適應，狀況有點不穩定。我時好時壞，但我當時真的不太了解打者。我不知道怎麼投，其實到現在也是。每一年都是一個學習過程。那時在沒投球的晚上，我學到了比我整個投球人生所學的還要多十倍——這一切都透過觀察、想像，與心智上的思考而來。」

「我有一次和諾蘭・萊恩（Nolan Ryan）聊了一個小時，還有羅傑・克萊門斯，以及一直很照顧我的馬克・蘭斯頓（Mark Langston），他一席話讓我獲益良多，這些都是努力鍛鍊的成功人士……這一切全都發生在我沒辦法投球的那個賽季中期。」

我相信「我可以」的計畫。當你坐冷板凳時，請列出自己能做的事。有可能是觀看影片、研究對手，或者某些體能訓練、為隊友加油打氣。

問問自己哪些因素是可以控制的，哪些是不能控制的。不少人會貫徹《寧靜禱文》（Serenity Prayer）的內容，裡面這些話值得我們記住：「主啊！求賜我寧靜之心，去接受我不能改變的一切；賜我勇氣，去改變我所能改變的一切；並賜我智慧，去分辨這兩者的差異。」

努力並不需要天賦。

用積極的態度與「我可以」的思維來投資自己。

3 所謂強大信念：避開非理性與不實際

「最重要的是保持一種心態加上信念，相信自己每一次都能贏。」

——老虎伍茲

「凡相信自己和自己周圍的人，有一天你就會贏得大獎。」

——迪克・維梅爾（Dick Vermeil），ＮＦＬ總教練

在一次練習賽中，老虎伍茲轉向他的朋友戴維斯・樂福三世（Davis Love III）滿心歡喜地說：「如果最後階段我們可以正面對決，那不是很好嗎？」兩週後，伍茲參加了他的第五場職業錦標賽，他在一九九六年拉斯維加斯邀請賽（Las Vegas Invitational）的最後一輪打出低於標準桿六十四桿八桿的成績，與第一名打成平手，於是進入延長驟死賽，他的對手正是戴維斯・樂福。

延長賽在第一洞結束之後，有個電視轉播員祝賀這位二十歲的冠軍第一次在美巡賽中得勝，並問他在他最天馬行空的美夢中，有沒有想像過自己在職業生涯早期就會如此成功。

我永遠記得伍茲的回應，這位三屆美國業餘冠軍露出了他迷人的笑容，毫不猶豫地回答：「這當然。」

這位造成轟動的新球王並不自大，他只是在分享他對自己的信念而已。

信念是一種心態或心理習慣，讓我們對某人或某事存在信任或信心。信念會驅動行為，而行為會影響我們做任何事的表現。當伍茲轉為職業選手，並大方表明他希望每次比賽都能贏——這是他從傑克．尼克勞斯那裡學來的心態——美巡賽的老將紛紛翻了白眼。但不久之後，伍茲就讓這些前輩見識到他信仰系統的力量。

「我們發覺伍茲是當真的，」美巡賽最佳球員湯姆．雷曼（Tom Lehman）說：「對我有什麼影響？這改變了我的思維模式。**如果我不指望每次都贏，我怎麼能指望競爭呢**？我需要學習他所學之物。我最好相信自己的才能。壓力之下我最好相信自己。我最好預設自己會贏。」

在心理學中，「自我效能」（self-efficacy）是指對自己有能力獲勝的信念。光相信自己，並不見得代表你一定百戰百勝。但相信自己，能幫助你將自己置於勝利的位置。迪克・維梅爾是一個相信自己與他的團隊的人。六十三歲時，他帶領洛杉磯公羊隊贏得了超級盃冠軍。另一位教練——賓夕法尼亞大學的喬・帕特諾（Joe Paterno）說：「你必須在內心深處相信，你註定會有豐功偉業。」

有一年，紐約大都會隊從第六名一路升到第一名，成為國聯冠軍。投手塔格・麥格羅（Tug McGraw）在球隊演講時喊道：「你要相信！」他這句話成為一九七三年大都會隊打進世界大賽的座右銘。

同一時期，阿肯色大學（The University of Arkansas）也享受了成功的果實。有一年，為了慶祝阿肯色大學野豬隊（Razorbacks）在賽季末的勝利贏得了橘子盃（Orange Bowl）的門票，激昂的豬粉將橘子扔進了球場。盧・霍茲保持一貫幽默，他在賽後告訴大家：「我很高興，野豬不用去參加一般大學的鱷魚盃（Gator Bowl）了。」

但是野豬隊的喜悅沒多久就被烏雲籠罩，在橘子盃，阿肯色州立大學對上美國排名第二的奧克拉荷馬州立大學。奧克拉荷馬大學的捷足者隊（Sooners）只輸掉了一場比賽，並以三十八比七大敗內布拉斯加大學（Nebraska）。野豬隊的規模較小，它的全美最佳哨鋒（All-America guard）因傷停賽，此外，由於紀律問題，霍茲讓他前三名的進攻球員坐板凳。

媒體提早唱衰了野豬隊：野豬這支一賠二十四的隊伍根本不可能贏。霍茲意識到球員可能會開始相信報紙上的內容，所以在比賽前兩天召開了一次球隊會議。他問他的球員，他們憑什麼認為自己會贏。一個接一個，每個人在隊友陪伴下，說出了各自的理由。有個人說野豬隊的防守堅不可摧。另一個提醒大家，團隊的核心結構仍然完好無缺。就在他們交談、分享彼此信念時，會議室裡的氣氛發生了變化。

霍茲私下告訴一位朋友，他的球隊將會拿到三十八分。他太樂觀，但還不算離譜——阿肯色州立大學贏了，三十一比六。

這場爆冷門的勝利之後，有一名體育記者評論道，野豬隊在開球前衝進賽場時非常生氣勃勃，簡直像是騎兵衝鋒。霍茲對他們說了些什麼？「我告訴他們，奧克拉荷馬大學那隊很龐大、很卑鄙、很強壯、很骯髒，而且很兇悍。」霍茲面無表情地說：「還有，最後離開更衣室裡的十一個人就是先發。」

信念，是信心的重要元素，而「不理性」或「不切實際」的信念將會導致壓力。

我們現在來看看關於成功與壓力的ＡＢＣ理論，並列出對應的階段：

A：活動事件（activating event）

例如當老虎伍茲打進圓石灘（Pebble Beach）的美國公開賽。

B：信念（belief）

當伍茲告訴自己：「我已經重新調整了我的比賽，我下了功夫。我對這座球場瞭若指掌，我要上去好好打一輪。」

C：後果（consequences）

代表對比賽結果的感受和行為。當伍茲認為：「我很有自信，這次我打得很有侵略性、思緒也聰明。」

有些運動員對自己有著不切實際、不理性的信念。有些人認為自己不夠重要、不夠強大、不夠迅速，或者程度不到更高境界。我會問這些人：「證據在哪裡？」有些人的信念認為，失敗相當可恥。事實上，**生活就是建立在失敗之上，假如你沒有失敗過，那只證明了你對自己的表現還不夠**。我們如果在嬰兒時期就害怕失敗（因為相信失敗是可怕的），那我們可能永遠學不會走路。另一種不合理的信念是：「如果我搞砸了，沒人會愛我。我會被否定。」想像一下這種思維造成的壓力。假如你認為贏不了就是失敗者，假如你相信失敗了就沒人會愛你，假如你認為挑戰非常危險，假如你完全不能接受不完美——那麼這些信念，只會讓你的生活充斥著不安與麻煩。

一些運動家對抗非理性信念的方法之一就是積極的肯定。這些肯定會是有力而正面的，而且是現在式。拳王阿里說：「缺乏信念會讓人害怕挑戰，而我相信自己。」此外，「要成為偉大的冠軍，你必須相信自己是最棒的。如果你不是，就假裝你是。」他的聲音帶著笑意，這位前重量級冠軍、拳擊史上最偉大的運動員，向自己和世界說：「我很難搞，我讓藥都生病了！」阿里宣稱全世界上只有兩種偉大：「一個是大不列顛，一個是我。」

頂尖棒球打者羅德．卡魯有如此一說：「你認為你先發還是板凳？你認為你是全明星還是落選者？你的答案如果是後者，這就會反應在你場上的表現。不過當你學會隔絕外界的影響、學會相信自己時，你能進步的幅度根本超乎你所想像。」

在四格漫畫裡，淘氣阿丹問聖誕老人：「你相信自己嗎？」這個問題也適用於你。你的信仰系統？你相信自己的夢想、目標和能力嗎？要記住，我們能醞釀規畫自己的心智，只要你相信，你就能實現。

信念會驅動行為，自我設限的信念，將會導致自我挫敗的行為。要相信自己和自己的能力。

4 不讓「雜訊」左右成敗

「你的想法、你的思維狀態，造就了最大的差異。」

——威利．梅斯（Willie Mays），名人堂外野手

「高爾夫賽事主要是在五英寸半的賽場上進行的：就在你雙耳之間。」

——鮑比．瓊斯（Bobby Jones），大滿貫好手、律師

運動員的表現時常急轉直下。在運動心理學中，有一種方法可以調查事件與其原因，即回放黑盒子和錄音機。

我將影帶放入機器，然後開始播放，坐在我辦公室裡的大聯盟投手認出了大銀幕上的人——就是他自己。當他站在投手丘上做暖身時，那不愉快的一天的景象、聲音、感覺與情緒開始向他襲來。在銀幕上，第一棒輕輕地站到打擊位置，就定位，來回擺

動球棒，望向十八公尺外的那個身影。

然後我問這位投手，比賽開始前一刻，你在想什麼。

「我熱身做得不好，」他開始表述：「我在想，我可不想保送他。」

還有什麼？

他說話的同時，我幾乎能聽見他聲音裡上升的恐懼，就像淹水的地下室。「他動作真快，他繼續的話就會上二壘。我們捕手的臂力沒那麼強，他再盜壘的話很可能有得分機會，然後我們不可能有本事追回來……」

「聽你自己說了什麼。」

這位投手慚愧地笑了。他當下並沒有意識到自己的消極思維。而現在，他從自己的話裡，聽見他自己對於失敗的設想。他甚至都還沒投出第一球！那他表現不好難道是意外嗎？

接下來，我問他本來能夠想什麼。

投手端詳著銀幕上的自己：「我快速球掌控得很好……」一個積極的想法，會引發下一個，他說：「就算我保送他，我也可以壓好球，讓下一棒雙殺……根本不用擔心那傢伙……一次專心投一球……只是專注，然後放鬆。投到捕手那……」

我們會在腦中進行對話，我稱之為「自我對話」(self-talk)，每一位運動員都能聽見彼此衝突的兩種聲音。**一種是消極的批評家，另一種是積極的教練，最後會傾聽哪一種，則端看自己的選擇。**

贏球無數的高球好手阿諾．龐馬（Arnold Palmer）在他自己的休息室置物櫃裡留了這些話：

如果認為自己會挨打，你就會挨打；
如果認為自己不敢，你就會不敢。
如果你想贏，但自認不能贏，
那你的想法就會變成定數。

如果自認會失敗，那你早已失敗，
因為你將會發現在這世上，

成功是從人的意志起始，
完完全全取決於心態。

人生的奮鬥並不專屬於
那些更強壯或敏捷的人，
但遲早會出現贏家
那些認為自己可以的贏家。

正如我們的信念和態度，心智可能成為強大有力的盟友。**思維會影響感受，而感受會左右表現**。我的工作是幫助運動員釐清思緒，讓他們能有效運用心智，方法是教育他們將負面批評轉化為正向訓練。

有一天，我在康乃狄克的耶魯球場（Yale Field），訪視了水手隊2A的紐哈芬烏鴉隊（Ravens），有個年輕的中外野手在打擊網裡努力著。「麥克，我永遠不搞定，」他趁著空檔說：「我毫無頭緒。」他的負面批評家在興風作浪，用擴音器在他耳朵旁喊叫。

「我來問你一件事，」我說：「如果小葛瑞菲跟你想的一樣，你覺得他會是多好的打者？」

這個問題讓這個孩子就此打住。

他知道，如果小葛瑞菲用小聯盟的方式思考，這個水手隊強棒的表現絕對不會很好。他心智比揮棒本身有更多負面影響。他需要改變想法，或至少讓自己的思緒休息一下。泰德．威廉斯的明智建議：「如果沒辦法往好處想，那就不要想太多。」

正如我們有非理性和不實際的信念，我們都會因為扭曲與失調的想法而不安。亞特蘭大勇士隊投手湯姆．葛拉文（Tom Glavine）說：「我職業生涯面對一些打者時，就曾經歷過『別這樣做』症候群。我對自己說別偏高，果不其然，我偏高了。現在我專心在『這樣做』上面，差別非常明顯。」

我曾與一位職業高爾夫球手共事，他時常聽從負面批評的聲音。像上面提到的投手，他也看著影片裡的自己。我問他對這一球有什麼看法？下一桿又是如何？聽了他的負面敘述後，我問誰能給他正面指引。他說是肯．文圖瑞（Ken Venturi），回到他的影片時，我想聽聽他認為文圖瑞會告訴他什麼。

「他會說，這個是我的強項……我能打好這一球……只管相信我的揮桿。」

老虎伍茲不管何時都有個積極的教練同行。一九九九年美巡賽的最後一輪比賽中，他在第十七洞面臨了守住標準桿的八英尺推桿。為了保持領先他必須成功。塞爾希奧．加西亞（Sergio Garcia）則落後一球。當伍茲站在球旁邊，他說他聽見了熟悉的聲音，是教他打高爾夫的人的柔和聲音。但那個人當時不在一旁，而是在幾英里外的酒店房裡看電視轉播。那聲音耳語道：「相信你這一桿，相信你這一桿。」

伍茲聽到了，而且深信著。推桿入洞。當晚的慶功宴上，老虎伍茲對厄爾．伍茲（Earl Woods）說：「我聽到你的話了，爸爸。」

你聽到了什麼聲音？負面的批評家與正面的教練，誰的聲音更響亮？你可以選擇傾聽強化正向的思考的那一道聲音。有人說，思想會成為言語，言語則成了行動，行動變成了習慣，習慣又成為品格，品格成就命運。

心智訓練教你釐清思緒，並有效運用你的頭腦。就像學會壞球時不揮棒，你必須學會不被壞想法擺布。學會將負面的批評家轉化為正面的教練。

5 掌控情緒，或被情緒掌控

「學會控制自己的情緒，否則它們會控制你。」
——愛德嘉·馬丁尼茲（Edgar Martine），大聯盟名人

「有個沒有理智、情緒失控的球員，比沒有球員還糟糕。」
——盧·蓋瑞格（Lou Gehrig），王牌一壘手

費城人隊（Phillies）剛剛輸給了休士頓太空人隊（Astros），在第九局下半失去了決勝的一分。當經理則衝進這支失敗球隊的會館時，發現球員們正在享受賽後自助餐，簡直眼珠子都快掉出來了，他覺得自己的血壓飆高。突然，這位主管用手臂大幅掃過，清理了整張桌子，把雞腿、馬鈴薯沙拉、一盤綜合水果甩飛。

「天哪，」一個菜鳥低聲說，這時滿是烤肉醬的房裡一片死寂：「這些食物真的解

決得很快。」

沒有其他事情像運動一樣，能喚起人們的情緒與激情。我們在競爭劇烈的運動員身上看見這股熱情，例如網球名將吉米・康諾斯（Jimmy Connors），他說：「情緒讓我茁壯。情緒的能量提升了我的職業水準。」我們在身為旁觀者的觀眾身上也看得出這一點。一位運動家的成就，能夠激勵全國，萬眾歡騰。

朴世莉離開她的祖國時，實際上還沒沒無聞。這位年輕的高爾夫球選手在新秀賽季贏得四場女子美巡賽後回到首爾時，有數千人在機場迎接。韓國人將她銘記在心。她已經成為戰勝逆境的國民象徵。

我們的態度、信念和思維，創造了我們的現實，同時也打造了我們的情緒：一個是喜悅，再者是驕傲，另外兩種基本情緒則是憤怒和恐懼。凡參加過任何運動的人，都可能經歷過這四種情緒體驗。

在〈戰勝自己：破除10項「自我毀滅」的壞習慣〉一節中，我們提到了一種稱為「戰鬥或逃跑反應」的原始進化機制。人類感覺到威脅或壓力時，就會心跳加快、呼吸急促，掌心可能出汗。好比喝了一杯腎上腺素雞尾酒。而我們的反應是逃跑或是反擊，而反擊往往會導致憤怒情緒。

拳王麥克．泰森（Mike Tyson）的教練庫斯．迪亞文圖（Cus D'Amato）形容，情緒（特別是憤怒）就像火一樣，能用來煮食物、取暖，或者燒毀房子。許多世界級的運動家運用憤怒的方式相當積極，用來激勵自己，增強決心。**憤怒要比害怕更有力量**。

上個賽季，蘭迪．強森在打擊區上迎戰斯特林．希區考克（Sterling Hitchcock），希區考克才剛投出了一支背靠背全壘打。這名聖地亞哥的投手又投出一球，是觸身球，擊中了強森的左手肘。強森怒火中燒——他可以冒著被驅逐出場的風險打架鬧事，但他沒有這麼做。打擊區這名亞利桑那響尾蛇的投手，綽號「巨怪」（Big Unit）的強森選擇將憤怒化為力量。回到投手丘之後，他三振了十一名打者，投出一場完投，並將個人的賽季戰績拉到七比零。

阿爾伯特．貝爾（Albert Belle）把他的憤怒變成動力，發威攔截住即將打到看台上的球；彼得．羅斯則警告其他人：「要是誰冒犯到我的自尊，他就會吃不完兜著走！」麥可．喬丹是另一個自豪的人，當他在球場上被挑戰時，他展現出高球好手山姆．史立德（Sam Snead）所說的「笑裡藏刀」。喬丹在季後賽時始終都是笑面虎。

體育運動也能讓人沮喪。**人在沒有想法或失控的情況下，很容易會對憤怒做出反應**。網球巨星比約恩・博格十二歲時控制不了自己的脾氣，他說：「我把球拍隨地亂丟……把球打飛到圍牆外——這類的事講不完……我父母覺得丟臉，最後拒絕參加任何一場比賽。」

亞瑟・艾許第一次亂丟球拍是在他十歲時。啟蒙小艾許的教練康納德・恰瑞提（Ronald Charity）把他帶到維吉尼亞林奇堡市（Lynchburg）的羅伯特・強森醫生（Robert W. Johnson）那裡，後者是網球愛好者，也是黑人。訓練很漫長、要求極高。在五〇年代實行種族隔離的美國南方，強森醫生知道，比賽主辦方只要找到小辮子，一定會把黑人小孩踢出比賽。我十幾歲時跟亞瑟・艾許打過球，他看起來掌控力相當好，表現沉著冷靜。

年輕時的鮑比・瓊斯，在他地盤上的高爾夫俱樂部裡所向無敵，但他脾氣暴躁，被取了「甩桿王」的綽號。瓊斯與大家熟知的巴特爺爺（Grandpa Bart）變成好友，他在球具店兼差。瓊斯十四歲時參加了全國業餘錦標賽（National Amateur），但最後輸了比賽。「鮑比，你的程度能打贏，」巴特爺爺提醒他：「但除非你能控制自己的脾氣，否則你永遠不會成功。」

瓊斯知道老人家是對的，但七年之後他才贏了一次錦標賽。「鮑比十四歲時就掌握了高爾夫，」巴特爺爺說：「但他二十一歲才掌握自己。」

一旦憤怒佔上風，通常也會將你最糟的一面表現出來。籃球員拉崔爾・史普利威爾（Latrell Sprewell）曾掐住他教練的喉嚨不放；而羅伯托・阿洛瑪（Roberto Alomar）向裁判員吐口水，成為棒球史上最多罵名的球員之一；麥克・泰森咬了依凡德・何利菲德（Evander Holyfield）的耳朵之後，被勒令接受心理檢查。不受控制的憤怒會導致騷亂，甚至在體育場上造成死亡事件。

幾年前，我受託為西雅圖水手隊寫一本運動心理學手冊。我採訪了該隊的頂尖選手，其中一位是愛德嘉・馬丁尼茲，他的經理人婁・皮涅視他為愛將。皮涅拉肯定他：「愛德嘉非常專業，沒什麼能擾亂他。他對任何事都面不改色。」

在採訪過程中，我問愛德嘉，他個人從小聯盟上到大聯盟最大的轉變是什麼，他的回答讓我很驚訝。

「我對自己的情緒做了很多調整，」愛德嘉說：「我不是脾氣很壞的人，但我記得過去做過的一些事，比如打牆壁或頭盔盒。我從經驗豐富的球員那邊知道，那不是我們做事的方法。別讓隊友或其他團隊知道你狀況不好，這會傷害你的隊友，他們會因此不信任你。如果心煩意亂，別在球場上表現出來。你可以去浴室或某個地方獨處，就讓它過去吧。我想這是我能提供的最好建議。」

博格很快就學會了：「一個無法在場上控制自己情緒的球員，永遠不會是頂尖的球員。」傑克・尼克勞斯提出了一個好問題：「如果從不發脾氣、從不沮喪，總是能在打球前訂定策略，而且一律在自己能力範圍內打球，那能讓你省下多少桿啊？」

最頂尖的運動員是情緒的主人，而不是情緒的奴隸。一個受憤怒、挫折操控的打者幾乎不可能在下一次打擊時成功。他會硬來，他感覺自己能在無人上壘的情況下打出三分全壘打。

投手吉姆・帕爾默（Jim Palmer）說，他每一次生氣，就會坐下來分析自己做錯了什麼，並且在下次改正。五十九歲還出賽的傳奇投手薩奇・佩吉說：「如果你的胃不舒服，請躺下來，用冷靜的思緒安撫它。」

話雖簡單，卻是明智的建議。

在問題中尋找解方，而非情緒。你讓憤怒占上風時，最糟的一面就會表現出來。

關鍵在於是掌控者是誰——自己或者情緒？

記住，在控制自己的表現之前，你需要先控制自己。

6 大師也會恐懼，但他們如何應對？

「在所有危險裡，恐懼是最糟糕的。」

——山姆．史立德，高球好手

「一個接球手最要不得的，就是去擔心沒接到球或被衝撞。」

——傑瑞．賴斯（Jerry Rice），NFL最偉大接球員

鳳凰城消防局徵才時，也跟職業運動一樣會精挑細選。凡想成為消防員，必須具備適當條件，受訓人員被要求執行許多難度很高的人物，包括身著全裝、攀爬救災用梯。

過去二十年來，我一直在訓練新球員心智方面的表現——在消防局，對象就是消防隊員。有個測試我時常搬到課堂上示範，你可以自己做做看：如果我請你站在椅子

或桌面上，你是否能做到？或許這不是問題，但如果將椅子或桌子換二十層樓高的地方，然後執行相同動作，你會有什麼想法？感覺如何？你能做到嗎？

任務是一樣的，但有什麼差別？對不少人來說，答案是兩字的名詞：恐懼。

恐懼，是人對所感知到的危險、威脅的心理反應。正如前高球名將山姆．史立德所言，恐懼是最嚴重的危險，因為它會造成緊張、懷疑甚至恐慌。史立德在一次非洲狩獵旅行時，射殺了一頭在他面前三十公尺奔馳而來的野象。史立德回憶：「牠直到到我面前才倒地，我當時一點都不害怕。但四英尺的推桿卻把我嚇死了。」恐懼會釋放化學激素，會抑制身體表現，讓你停止運作。當你在場上害怕時，你就會縮手縮腳，因為你只看見消極的一面，擔心自己失誤。

我最近和大學室友打高爾夫。克里斯是我們大學籃球隊長，而我是網球隊長。我們已經競爭了近三十年，在這方面吹噓應該不為過。我高爾夫打得比克里斯好得多。我應該會教訓他。但當他來亞利桑那，我們在我家的球場打球，理論上我的優勢很大，但我的表現卻不理想。我沒有打出我的實力，我打安全牌。我打球只為了不輸球，我打得保守，我打得害怕。我害怕把球打過洞，害怕要再推桿三次，我害怕以一桿之差敗給對手。所以我表現失常，我打得太短，最後打了三桿。我必須學習的是（現在仍在努力）別讓恐懼控制自己、別擔心失誤。

恐懼是我們在小時候學習的東西。高高在上的教練可能會大吼「你又搞砸了！」或者「你怎麼那麼笨？」但**小孩子將這些批判性的訊息內化，然後從年紀很小的時候開始，就會產生對失敗的恐懼——害怕自己做錯事**。

我非常欽佩特殊奧運會這個計畫，它的格言是：「讓我贏。但如果我不能贏，就讓我勇敢嘗試。」那裡的教練和志工會提供每個運動員都需要的東西——鼓勵和支持。大多數特奧會的選手——包括有智能障礙的兒童與成年人，參加五十公尺賽跑、跳遠或推鉛球時都不害怕失敗。恐懼是明天的事。而這些運動員活在當下，此時此地。他們參與特奧會不但有趣又值得。

談到恐懼，我想起了《綠野仙蹤》中的魔幻奧茲國。那是一個看不見的存在，是一道布幕之後的低沉嗓音。恐懼就像我們所想像的那樣強大。有些運動員抵抗恐懼，有些人試圖否認恐懼，有些人想辦法打敗它。但我建議各位讀者別做這些嘗試。恐懼是表現行為中自然存在的一部分，前奧運選手布魯斯．詹納說：「恐懼是過程的一部分。如果你不害怕就麻煩了。」

當你抵抗恐懼，不過是讓它繼續存在。就像把沙灘排球按到水面下，你越壓，你給它的壓力就越大。

想要有頂尖表現，就應該接受恐懼，並承認它是身體要自己激發的一種方式。別讓恐懼追捕你。反之，你要揪出自己的恐懼。攤在陽光下，直面你的恐懼，檢視它們。「很多時候，當恐懼開始襲擊我，我克服它的最好的辦法就是正視它，理性地審視它，」傑克．尼克勞斯說：「我會這樣告訴自己——好了，你在怕什麼？顯然你整體打得很棒，你向來都是這樣告訴自己的，你從高爾夫的挑戰中得到了最大的樂趣。好吧，盡情享受吧，一次專心打一桿，迎接挑戰。」

我曾經住在亞利桑那斯科茨代爾市（Scottsdale）的橘樹球場（Orange Tree）旁邊。我家離第十七洞的發球座大約兩百四十碼（約兩百二十公尺）。令我吃驚的是，我常常會在我家後院找到兩顆小白球，兩個相隔不到半公尺，球上都有同一個的公司標誌。顯然，有個半吊子害怕自己的球切到界外，而且他的負面思想導致了他最怕的結果。開第二球時，他擔心會犯同樣錯誤，而且確實也是如此。美國奧運射箭隊的前教練艾爾．

亨德森（Al Henderson）說：「掛念剛射出去的箭，會讓你下一箭重演。」

全明星賽外接手（wide receiver）傑瑞．賴斯了解到，擔憂會如何影響表現。「我已經很老練了，」他說：「當我掉球的時候，不會像以前菜鳥那時對自己失望透頂。那時我會緊繃一段時間，開始想太多，而不是去做自己練習過一千次的事（接球），只是一直擔心掉球。」

恐懼是如何限制你的生活、你的表現？你感覺恐懼時，會連帶出現什麼想法？你身體上的感覺是什麼？許多把憤怒化為動力的偉大運動家，也跟恐懼結為盟友。再聽聽布魯斯．詹納的話：「我快嚇死了，但我讓恐懼為我加分。它就在我身後，恐懼在我背後六英寸，那就是恐懼的位置。我能感覺到它的存在，但它抓不到我……我要把恐懼變成我的優勢。」

請記住，**恐懼不會讓你處境安全。你所受的訓練才會。**

不要讓恐懼嚇倒自己。感受恐懼，盡力發揮。
恐懼往往是看起來很真的騙局。

7 「任務意識」大於「自我意識」

「每個人都會感覺窒息，但贏家比輸家更知道如何處理。」

——約翰·馬克安諾

「你必須學習去適應你的不適。」

——婁·皮涅拉

社會觀感認為，在競爭中漏氣是一件不光彩、可恥與不可原諒的事。漏氣的的運

這是體育界裡最糟糕的標籤。

「Choker」[1]。

1 「Choke」英文原意為「窒息」，在體育比賽的文化中，時常用於形容辜負期待、功虧一簣的丟臉表現。

動員會被視為懦夫、意志力薄弱、品性不良。一九九四年的ＮＢＡ季後賽，休士頓火箭隊在主場對上鳳凰城太陽隊，卻在第四節將領先二十分的優勢徹底摧毀。隔天，兩家休士頓報紙的頭條罵聲不斷，標題大大寫道：休士頓呼吸停止。

「為什麼偏偏是我們這個地方？」一名體育記者在報紙上抱怨，幾乎把球隊失利當成是他個人的事，他覺得臉都丟光了。

用嘲弄的手勢掐住自己的喉嚨（代表快窒息），在體育運動中，沒有比這更狠毒的手勢了。但每天都有運動員漏氣，無論是奧運或溫布頓網球錦標賽（Wimbledon），沒有一處能倖免。

一九九六年，格雷格・諾曼在美國名人賽最後一輪中，丟失了六桿的領先優勢。他的命運讓人聯想到一九六四年賽季末的費城人隊，還有登堡號空難（Hindenburg disaster）這兩起憾事。某年春季，布萊恩・麥卡利斯特（Blaine McCallister）只要在紐奧良最後一洞打出標準桿，就能抱回他七年來第一場美巡賽冠軍。但他最後打了柏忌（bogey），比標準桿多了一桿，接著他在延長賽的第一個四英尺推桿失誤，而這一桿是致勝關鍵。麥卡利斯特在下一洞就輸給了卡洛斯・佛朗哥（Carlos Franco）。

「那是很久以前的事了，我那時又犯了神經緊張，」麥卡利斯特被問到這次潰敗時，說道：「我感覺自己的血要在那流乾，我將是承認自己漏氣失手（第七十三洞）的第一個人。這件事讓我付出代價，我有好長一段時間都不時聽見這件事。」

麥卡利斯特不是個案。一週前，克雷格．斯塔德勒（Craig Stadler）有機會贏得他在一九九六年以來的第一次冠軍。他在延長賽裡有三洞推桿失誤，最後他在休士頓公開賽（Houston Open）的排名落在冠軍羅伯特．艾倫比（Robert Allenby）之後。

「窒息」是一種正常的人類反應，是對感知到的心理威脅的生理反應。為了說明窒息是什麼，我請運動員站著進行窒息的練習，你也可以試試看。首先，我告訴大家現在是一場比賽，我要仔細觀察每一個人，然後評判每一個人的表現。接著我開始發號施令：「看左邊……看右邊……看左……看右……看左……看右……看右……」有些人以為指令是規律的，所以下意識把頭轉向左邊。當這些人繼續任務時，他們的焦慮會增加，他們的呼吸模式會改變，很多人不知不覺中屏住呼吸。

氧氣是能量——它像是果汁。氧氣有助於放鬆肌肉，讓思緒清晰。如果你屏住呼吸，就等於製造壓力與緊張感。**感覺窒息的運動員，會因為緊張而更緊張，因為焦慮**

而更焦慮。有一位心理學家指出，焦慮其實是「沒有呼吸」的興奮感。

呼吸方式影響表現模式。當你處在壓力之下，深呼吸能幫助你的身心回到當下。

多年來，我向數以千計的運動員發送小貼紙，上面寫著「呼吸並專注」，有個棒球員把這張亮橘色的圓貼紙，貼在球衣的肩上或帽緣下，或者黏在他球棒上。有個曲棍球員則會把它貼在球桿上。我輔導的消防員則將它黏在自給式呼吸器上。貼紙可當作提醒，一旦他們感到焦慮時，就吸入能量，然後呼出焦慮。吸氣放鬆、呼氣減壓。

某年春訓，水手隊測試了他交易得到的新投手，想知道這個人是否能是投完第五局。到了第五局，他的表現開始下滑，他被打出一支，然後又一支，接著再一支。坐在教練席的婁．皮涅拉轉向我，搖了搖頭說：「麥克，這傢伙不知道怎麼適應他的不適感。」皮涅拉派他的投手教練到投手丘上，教練回來時，向皮涅拉報告：「他的眼睛長在後腦勺上。」這句話的意思是：這個人已經心不在焉了。皮涅拉於是把他除名。

皮涅拉說的「適應自己的不適感」是什麼意思？你有沒有過冷水浴，或踏進冰湖或游泳池過？寒冷會讓你無法呼吸，你的第一個衝動就是離開。但如果你呼吸並保持專注，就會逐漸適應水溫。這樣的體驗，類似於在壓力下的表現。透過呼吸與集中注意力，你可以系統性地降低自己的敏感程度。

運動員在壓力下，除了會改變呼吸模式之外，往往也會傾向於處理內部的自我意識，而不是外部的任務意識。他們的注意力轉向內部。我建議焦慮的運動員要從外部集中注意力。像我的好友吉姆．科爾伯恩為釀酒人隊（Brewers）投球時，他會望向密爾沃基縣立體育場（Milwaukee's County Stadium）的旗桿，幫助他重新將注意力聚焦在自己的任務上。

奧利弗．霍姆斯（Oliver Holmes）法官寫過關於獵鳥的文章，但他以下的建議也是用於參加任何競爭場合的人：「如果你想射中飛行中的鳥，你必須集中所有的意志。你不能只想著自己，同樣，你也不能想著你的鄰居。你非得盯著那隻鳥看不可。」

當你本該專注在你的對手與任務時，「窒息」只不過是你將注意力放在自己生理上的體現。

我們難免會緊張焦慮。學會適應你的不適。用呼吸來集中能量。讓你的呼吸將你的心智與身體集中於當下。

8 運動員的「心流」狀態：當下

「我贏的每一分都在當下。上一分沒有意義，下一分也沒有意義。」
——比莉．珍．金，網球天后

「你只有在當下才能獲勝。」
——艾力士．羅德里奎茲，大聯盟打擊王

一九九六年，艾力士．羅德里奎茲度過了一個神奇的賽季。這個水手隊的年輕游擊手在大聯盟裡的打擊率、上壘率、壘打數、滿貫全壘打與二壘安打，都有頂尖表現。他MVP票選第二，僅次於德州遊騎兵隊（Rangers）的璜．岡薩雷茲（Juan Gonzalez），這是逾三十五年來得票數最近的一次。

五個月後，艾力士在春訓報到，渴望重新開始。艾力士是個討喜的傢伙，他個性和亞利桑那的天空一樣燦爛。我擁抱他以示歡迎，接著詢問了他明年的目標。多數運動員都是數字導向，球員根本就不必查看自己的打擊率或防禦率，因為這些數據就像重要的電話號碼——他早就熟記在心。所以，我猜想這個二十一歲的年輕人，會說他想提高壘打數與打擊率，而這需要一些時間。艾力士前一年的打擊率是三成五八。最後，他的回應反倒令我驚訝，而且還讓我笑了起來。

艾力士對我說：「麥克，我唯一的目標是學習如何打整場比賽都在當下。」

心智訓練的終極目標，就是在整場競爭之中，只專注於當下。許多經理與教練都宣揚一種價值觀，就是一次專心投一球、或一次專心打一球。艾力士能如此年輕就成為巨星的原因之一，就是因為他認識到心智訓練的重要性，且理解比賽當下的意義。但這種心智技能並非一朝一夕能習得。已故的鮑比·瓊斯是史上最偉大的高爾夫球手之一，他說：「高爾夫只能一次揮一桿——這句話是老生常談，但我花了好多年才真正能理解。」

成功的運動家所說的「進入心流」，描述的就是當下的狀態，知覺、心智與身體一起協調、運作。假如你比賽時進入這種狀態，你就會有最好的表現。為什麼？因為在當下，你感覺不到任何壓力。

壓力，來自於對未來的焦慮，以及過去失敗的經驗。如果一名棒球員站上打擊區，回想他上次的三振，或對自己說：「我如果不趕快有安打，很快就要坐板凳了。」那他是在當下嗎？顯然，答案是否定的。

我曾在一段休賽期，與某個厲害的盜壘王一起合作。我問，如果他在壘上開始回想上次出局的情景，那會發生什麼事？為了表達我的意思，我跳上他的背，我感覺自己是一個超大背包。他馬上懂我的意思：揹著一隻猴子去盜壘容易嗎？回想以前——而非當下——只會讓你變慢。

《史努比》漫畫裡，露西向查理．布朗道歉：「經理抱歉，我漏接了那個簡單的飛球，經理。」第二格露西說：「我以為我會接住，但我突然想到我之前漏掉的每一球……」她在最後一格裡發現了自己的問題：「我被以前蒙蔽了雙眼！」就這個例子，我會告訴露西我給職業運動員的建議。正如你先前學到的，擔心一個錯誤通常只會給你帶來同樣錯誤。

學習如何在最佳狀態下比賽的一個關鍵，在於發現自己心智不在當下的時刻。我聯想到電視公益廣告給父母的一道題目：「已經十點了，你知道你的孩子去了哪裡嗎？」換你問問自己：現在是競爭的時間，你知道你的心智去了哪裡嗎？

我對覺知下了定義：**將注意力集中在目標上，過程中不進行任何分析或判斷**。簡而言之，就是讓觀察存於每一瞬間，然後沉浸於任務。

你可以試試——覺知自己的呼吸，算一下你的呼吸次數：一……二……三……四……五。重複練習，再一遍，保持計數，再一遍。這個任務看起來很簡單，但你最後會開始出神。如果你的注意力不在呼吸上，那會在哪裡？

我最近與一名冰球聯盟球員會談，他講起在某場比賽上，他發現自己反覆看時鐘。隨著時間流逝，他所能想到的就是他還沒有得分，比賽時間所剩不多。我告訴他：如果他有一隻眼睛在看著時鐘，那麼他就只剩一隻眼睛在看冰球。為了獲勝，兩隻眼睛都必須盯著目標——冰球、球門或當下的工作，別再跟時鐘難分難捨。

你要如何把心智放在此時此地？我與芝加哥小熊隊合作時，我們使用了一種「心理置物櫃」（mental locker）的技術。球員一到瑞格利球場的會館內或參觀球場時，他就打開了他的心理置物櫃。他每脫下一件衣物——夾克、襯衫、腰帶、一支襪子，然後另一支——他都是放下了一個問題或讓自己傷神的某件事。當他把便服換成球衣，他已經擺脫了所有令他分心的事物和個人牽掛，並集中心力於此時此刻。他在正確的時間點，處在能讓自己在場上成功的理想心智狀態。

喬・帕特諾是美式足球史上最受尊敬、最成功的教練之一。賓夕法尼亞州立大學的每個球員，都很熟悉那條劃分校園和學校足球場的「藍線」。喬會教導他每一個學生，在訓練途中越過那一條線之前，或者離開置物櫃去比賽之前，能拋開自己所有的擔憂和牽掛。一旦跨越那條線，就別再想著昨天的數學考試成績，也別再想著明天晚上的約會。在越線的那一刻，就應該一心進入賓夕法尼亞州立大學的美式足球上，而非其他事。如果做不到，這種運動員只是在自欺欺人。是團隊的害群之馬。因為這種人還沒有做好贏的準備。

向過去學習，為未來準備，
在當下展現。

9 是什麼打亂了你的「心智節奏」

「要快，但不要匆忙。」
——約翰・伍登（John Wooden），傳奇籃球教練

「對於重要的事，別急。」
——瓊安・卡內爾（JoAnne Carner），世界高爾夫名人堂成員

你可以感覺到葛瑞菲國際棒球營第一天早上的興奮之情，來自阿拉巴馬州與澳洲來的兩百多個小朋友，聚集在奧蘭多的迪士尼樂園體育中心——這裡是亞特蘭大勇士隊的春訓基地。這些人要參加五天的棒球訓練與遊戲。孩子們穿著營隊服，臉上滿是笑容，沿著三壘邊線列隊，每一個都等不及開始。

我以葛瑞菲國際運動心理學指揮官身分，歡迎這群孩子來到營隊，然後進行一場

比賽。

「我們要找出營隊裡動作最快的小朋友是誰，」我告訴他們：「現在，當我數到三……你們要等數到三。等我數到三，我要所有人，你們每一個，都跑到最近的牆。」

我站在游擊手的位置，回頭看了一眼在我後面的中外野的全壘打牆。

從最小到最大的，每個營隊孩子的腳趾都在蠢蠢欲動，在三壘的粉筆線上準備全力衝刺。「嗯，你們準備好了嗎？」為了達到戲劇效果，我稍作停頓：「一……二……三！出發！」

一股被積壓的能量爆發，他們筆直向前衝，雙腿飛騰、手臂擺動，風還掃掉他們頭上的棒球帽。抵達中外野的全壘打牆後，短跑的小將們氣喘吁吁地折回，筋疲力盡。接下來，當他們看到另外十幾個笑得很開心的夥伴，他們臉上露出了恍然大悟的表情。那些人若無其事地靠在三壘邊線後面的牆，連氣也不喘一下，也不疲倦。那幾個小運動員忽略了我言語提示，就只是轉過身去，按照我所說的，跑到最近的牆。

跑到全壘打牆的那些人，有點像是前NFL的防守巨星吉姆．馬歇爾（Jim Marshall）——撿起一個掉球，跑進六十二碼的達陣區（錯的達陣區），幫對方得了安全分。

在體育運動中，人一旦變得焦慮而情緒化時，會發生什麼事？大多數人開始匆忙。他們加快速度，超過自己的節奏。急著雙殺的二壘手，會在控好球之前就傳球。還沒接到球的美式足球前鋒，會自己先跑到前場。

還有投手保送了打者，然後又在關鍵時刻交出了一支全壘打，他與團隊陷入了絕境。他的呼吸變快，心跳加速。由於他對自己憤怒、自尊心受到傷害，這個投手的思路不再清晰。他的心智開始飛快地轉動，不知不覺中使自己去了正常的節奏。

對運動員來說，**如果是在「心流」狀態，他身邊的一切似乎都在減速，感覺自己正在以一種休閒的步調來表現**。如果是在壓力下，那位投手的世界會加速，像是一部無聲老電影。他會感覺一股越來越強烈的緊迫感，變得像《愛麗絲夢遊仙境》中慌亂的白兔一樣驚慌失措：「我遲到了！都這麼晚、太晚了！」

很匆忙地，他的心智不再留於當下，他會回想起教練說的投球基本功。他沒有目標地投球，而且死命投球。他的指令從「準備、瞄準、開火！」變成「準備、投球、瞄準！」

他就像是我在台維斯盃（Davis Cup）見過的秘魯網球選手。這個秘魯人比巴哈馬的對手更快、更有才華，原本他在比賽中一直穩定表現，直到他碰上了誤判出界，然後又一次誤判。他顯然生氣了。在那之後，他的所有動作都顯得很匆忙。接下來的比賽中，他表現得如此之快，我懷疑他根本不知道自己在做什麼。由於無法恢復平靜、放慢節奏，他輸掉了接下來的兩盤和整場比賽。

讓我們回顧〈用「壓力」獲得「助力」〉一章裡尼克勞斯的名言吧：當運動一緊張，就會想要盡快結束比賽。**他越是匆忙，可能會表現越差，而這又將導致更大的壓力與緊張。他表現越差，就會越匆忙，形成一個自我挫敗的循環。**

李．區維諾在名人賽裡打得很不順心，他說這個球場不適合他。他對球在果嶺上的速度頗有怨言，還開玩笑說，主辦單位在每一輪比賽之前，都會在果嶺塗上機油添加劑。區維諾打得很快，他可能已經創下打一圈奧古斯塔高爾夫球俱樂部（Augusta National Golf Club）十八洞的速度記錄。由於對自己糟糕的表現忿忿不平，區維諾在第十八洞的果嶺打第二桿的時候，腳幾乎站不穩。區維諾在這座白人種植莊園式的俱樂部氣急敗壞，還把美國內戰和燒毀亞特蘭大的聯盟國將軍扯進來，低聲咒罵：「謝爾曼（Sherman）將軍當初應該把這地方燒光才對。」

亞利桑那紅雀隊在舊金山迎戰舊金山四九人隊（49er），當我坐在往燭台球場（Candlestick Park）的巴士時，我注意到司機頭上有個標誌。標題是「第一救命法則」，上面寫著：「當你發現自己掉到洞裡，第一救命法則就是不要繼續挖洞。」

每位運動員都會遭逢挫敗。某些時候，他們會挖洞給自己，而我能給他們的最好建議，就是記住那條救命第一法則：如果發現自己在洞裡，要想像一面寫了「停止」的紅色交通標誌。

有時，最好的行動就是不行動。常言有道：「別只顧著做事啊——站著看看四周。」很多年輕運動員需要學習的是，「快」可能讓他們變「慢」，這是體育運動界的悖論之一。

每當西雅圖的投手傑米．莫耶（Jamie Moyer）發現自己掉入洞裡，而且感覺焦慮上升，開始想「我要做這些、做那些」，他知道是時候放下鏟子了。莫耶會走出投手丘，到內野草地。他把球擦亮，然後拿在手裡轉來轉去。他消除了脖子的緊繃，休息了一下、喘了口氣。

最成功的運動家會做莫耶所做的事，也會做球隊經理做的事。他們會叫暫停，然後振作精神。前面我們提到打造心智修練所，而你必須回到自己的心智修練所，重新創造出一個情境——你在競爭的洞裡變得過度焦慮、恐慌。回想一下自己是如何應對的，然後重寫劇本。想像自己暫停一切動作，看著自己重新聚焦，並回當下的樣子。記住，恢復沉著與節奏的第一步，就在你的鼻子底下——你只需要深呼吸。

欲速則不達。如果你發現你很急躁，你就已經不在當下了。用穩步替代快步。

10 90%的力量，100%的表現

「壓力與費力越少，你就會越快、越強大。」
——李小龍，武打巨星

「跑得更快的方法，就是五分之四的努力。把這當作是一件美好輕鬆的事。」
——巴德．溫特（Bud Winters），田徑名教練

正如老虎伍茲的狀態，山姆．史立德在他的顛峰時期成為高球界的霸主，因為他超越了這個領域的其他人。史立德似乎不靠肌肉來帶球，相反地，這個人在退休多年之後依舊如此靈活，他可以彎下腰將手掌平放在地，讓人嘆為觀止。史立德打球的模樣非常悠閒，當他對他的小白球朋友說話時，他的節奏與他動聽的聲調一樣順暢。「我相信要給小白球一些甜言蜜語，」史立德曾說：「這不會太大力——我會輕聲

細語跟它講悄悄話：老山姆要給你來段小旅行。」

小葛瑞菲走向打擊區，他沒有把他的球棒把手搓成木屑。「我沒那麼強壯，」小葛瑞菲說：「我臥推大概只有一百公斤。」他的力量來源不是蠻力，而是槓桿、靈活性和活動範圍。「我不認為自己是全壘打的打者。但我一看到球然後用力揮棒時，它就會越過牆。」

體育界會稱頌力氣這檔事。教練們要求運動員使出110%的力氣，卻忽略了這是數學上不可能的任務。事實是，肌肉和力量並非一切，過度激發會導致表現不佳。運動員在壓力、焦慮下所做的努力往往會適得其反。

美國最成功的田徑教練巴德・溫特對運動員說：「不要緊張，只管放鬆。」杰・諾瓦塞克（Jay Novacek）是達拉斯牛仔隊早期超級盃隊的邊鋒（tight end），他在大學裡則是田徑跑步選手。有一天，我們正在一起訓練時，杰向我提起他的教練所做的實驗。杰和他的隊友收到指示，要他們用最快的速度跑完八百公尺。後來，教練要求他們用九成的速度跑了相同距離，「我跟全部人大吃一驚，」杰說：「用九成的速度，比我們全力跑的時間更短。」

這要怎麼解釋？隨意肌（voluntary muscle）是以配對形式排列的，當一些肌肉收縮、而其他肌肉放鬆時，能最有效率進行如跑步等各項運動。在全速奔跑時，運動員會動用所有的肌肉——主動作肌（agonists）和拮抗肌（antagonist）。**他們同時進行加速與剎車，此時肌肉不互相協調，因而讓跑步的速度無法最大化**。而發揮九成力氣時，跑者一樣會消耗大量的肌肉能量，但他們會放鬆阻礙最佳表現的拮抗肌。

投球也是這麼一回事。為了盡全力投球，投手動用了手臂上的所有肌肉。但是要達到精準度，屈肌（二頭肌）需要放鬆，而伸肌（三頭肌）則要負擔大部分工作。

諾蘭．萊恩的大聯盟生涯橫跨六屆總統任期，這位三振王非常努力，但他不越線，這是他長青的原因之一。萊恩說：「快速球投手都有想增強肌力的傾向，埋頭苦幹。他試著用肌肉控制球，但最後失去節奏。每個人都有極限，只要了解自己的極限，然後相應地處理你的極限。」

我的網球夥伴布萊德．哈珀（Brad Harper）不斷提醒我發球時要放鬆：「麥克，你手臂又冒出青筋了！」在壓力下，我們難免會「肌肉緊繃」，而當我的手臂放鬆，我才更能快揮動手腕，爆發更多力量。多倫多藍鳥隊（Blue Jays）投手教練馬克．康納（Mark

Connor）則讓他的投手擺動一個長柄開關來演示生理學——首先牽動手臂上的大塊肌肉，然後使用手腕快速投出。

投手們被教導，握球的時候要像是握雞蛋，但在激烈的比賽中，很多人會像是要掐死一隻雞一樣去擠壓棒球。在高爾夫，或者說是所有運動中，最常見的錯誤身體動作是過度緊繃。想有力量於是過度緊繃肌肉，實際上會造成力量、精準度的損失，高爾夫球手則是開始緊張，而不是放鬆，這傷害了他們的協調性。鮑比・瓊斯說，一個焦慮的球員會有衝動想控制球，而這就是糟糕表現的原因

在〈正確的「身心數字」帶來最佳表現〉一章，我們把張力比喻為吉他弦。如果弦太鬆，音樂聽起來會沒有旋律；如果太緊，弦就會斷裂。你應該要自始至終都感受著球棒、球桿或球拍的觸感，如果不能，就是你抓得太緊了。最佳打者之一的湯尼・關恩說：「我等了又等，讓球正好落在我這，而我只要輕鬆揮棒就好。」如果感覺不到自己在揮棒，就表示你太快或太用力。

大聯盟MVP威利・麥吉（Willie McGee）曾向他的打擊教練抱怨他無法放鬆。「威利，」貝爾納多・倫納德跟這位球員分析：「焦慮的心靈不可能跟輕鬆的身體

共存……有一方焦慮，另一方也會焦慮；有一方靜止，另一方也會靜止。」

正如你創造壓力和緊張，你同樣也能創造放鬆的狀態。放鬆訓練的目的，在於讓你學會如何識別緊張的早期徵兆，並用放鬆的感覺來對抗或取代。有趣的是，放鬆緊繃肌肉的一種方法是先讓肌肉更緊繃，如果你的肩膀感覺像是交錯的彈簧，請提起你的肩膀並擠壓這些肌肉，保持這個姿勢五到十秒，感受壓力並探討那種感覺，最後完全放鬆肌肉。

如果能放鬆身體，就能放鬆心智。安定的心智，安定的身體。

當你停止製造緊張，就能進入放鬆狀態。過度努力將會導致表現不佳。

11 一切只在你與心像之間

「透過觀察，你可以發現很多事情。」
——尤吉．貝拉，洋基傳奇捕手、教練

「一切都不在我與投手之間，而是在於我與球之間。」
——麥特．威廉斯（Matt Williams），國民隊總教練

多年前，我在紐約擔任攝影記者，讀了《內在網球》（*Inner Tennis*）這本書。作者提姆．蓋爾威在某一章，分享了一種簡單的教學技巧，基於運動心理學最重要的其中一項理論。

蓋爾威描述了一次課程，對象是從未打過網球的女學員。不出所料，她既緊張又放不開。與其每次揮拍，都是塞滿她整個腦袋的一連串命令——拉拍！膝蓋打彎！進

去擊球！——蓋爾威用一種更簡單的方式。他告訴這個學生，每次球落在她面前時，要說「彈地」，而每次打中球時就說「打中」。

彈地——打中、彈地——打中、彈地——打中。當她聽從了這個建議，就開始放鬆下來。她此刻的心智並不專注於形式與技巧，也不擔心結果。她的眼睛鎖定在目標上，全神貫注在這項任務。

在運動中，我們向來會過度分析。如果去請益十位高爾夫球教練，你可能會得到十種不同的口頭指示，告訴你如何將拉起球桿，如何用髖部旋轉，如何轉移重心，如何保持左臂伸直，還有如何向下用力。一些熱心的教練會把比賽搞得太複雜，以前有個笑話說：如果叫高爾夫教練去教性教育，那大概是人類文明的終結。

大腦的某個部分總是在思考、分析、計算和判斷。我在小熊隊工作時，理奇．齊斯克（Richie Zisk）是球隊的球棒醫生，他的頭銜是「球棒學」（Batology）博士。齊斯克把打者的過度思考、過度分析、批判的聲音形容為「喋喋不休的猴子」。假如各位在打擊區、發球座，或者網球場上，你聽著這些心智上的評斷，聽著這些沉默的語言，你認為你能發揮出最好的水準嗎？當然不能。

你的目標該是這樣：用眼睛競賽，而不是念頭。

「我看到球，我揮棒打擊。」小葛瑞菲說。在打擊區上，他不多想他揮棒的路徑或手肘的位置。

麥特．威廉斯並不關心自己面對的投手是何方神聖，他的眼睛瞄準的只有一件事——那一顆棒球。

聽聽前投手奧勒爾．赫西瑟（Orel Hershiser）的說法：「我的捕手和我確定了球路之後，那就已經是一切了。然後沒有人在他那裡，我也不想我下一場比賽、下一局、下個打席、下一場。接下只有下一球，這是我唯一的工作。」

百大傑出球員湯姆．西佛（Tom Seaver）說，當他站上投手丘，一切都隔絕了。他忘了二壘手剛漏接雙殺、忘了裁判放水，也忘了老婆剛在布魯明黛高級百貨（Bloomingdale's）血拼了七百美元。

彈地——打中。專注於目標，心智繫於任務。在電影《往日柔情》（*For Love of the Game*）中，凱文．科斯納（Kevin Costner）飾演一位即將退休的大聯盟投手。在最後一場比賽，與疲累及疼痛交戰的他，用了一種心理技巧幫助自己傾注於任務。這是用一個口令來觸發的，「清除所有機制。」他告訴自己，突然，他變得超然。他已經不在洋基球場了。他聽不見人群的聲音，看不見周圍的球員，他甚至隔絕了揮舞著球棒的打者。他沒有分析賽況，他在專心致志的繭裡。尼克勞斯稱專注是「焦慮的解方」。在投手丘上，這位投手身在一處平靜的世界，他活在自己的眼睛裡，而他的眼睛受過訓練要直視目標。他能看見的只有捕手手套的接球袋。

尼克勞斯在他的著作《高爾夫，我的方式》（*Golf My Way*）中，談到了他打球前所用的專一的心像。「那就像一部彩色電影，」尼克勞斯寫道：「首先，我『看見』我希望球落在的地方，漂亮的小白球高高地落在亮綠色的草地上。然後場景迅速變化，我『看見』球過去那裡，它的路徑、軌跡和形狀，甚至它在落地時的樣子。然後淡出，下一個場景則是我揮動球桿，把這些影像化為真實……」

據說眼睛是靈魂的鏡子，也是思想的鏡子。對偉大的運動家來說，眼睛不是探照燈，也不是聚光燈，而是雷射光束。

在西雅圖的某場比賽中，亞利桑那紅雀隊的四分衛傑克・普倫默爾（Jake Plummer）被痛擊，西雅圖海鷹隊（Seahawks）的四分衛突襲員撂倒他七次。在比賽後段，這名年輕的四分衛重新回到隊伍，他的老前輩左截鋒洛馬斯・布朗（Lomas Brown）則警惕地看了他一眼。

「傑克，」布朗提出要求：「讓我看你的眼睛。」

為什麼是眼睛？

「眼睛，」布朗憑經驗說：「說明了一切。」布朗可以從傑克的眼裡，看穿他是否失去信心或者已經放棄。他可以看出傑克的心神是否仍在。運動員如果的眼神恍惚，心智也會偏離，亂飄的眼睛通常不會盯著手頭上的任務。

尤吉說的對：透過觀察，你可以發現很多事情。與運動員合作的過程中，我會讓他們觀看自己在場上的表現最棒的影片。影像比文字更有教育意義，他們會沉醉在影像和積極的感受裡。他們不會去動腦分析，而會開始感受。

你參與競爭時也運用眼睛嗎？你對目標的專注程度如何？健美先生阿諾・史瓦辛格在健身時，會在內心將特定的肌肉輪廓視覺化，「當我看見我想要的肌肉，」他說：「只做一次動作比心不在焉的十次還夠。」以下這個方式可能對你有用，請先拿起一樣物品——一顆網球、高爾夫球、棒球，或一個手套。拿著它、看著它、研究它、仔細打量它。當你開始胡思亂想時，請將全部注意力拉回到這個物品上。這個練習將會改善你的專注力，並有助於提高你的心智。

如果你開始分心，你的表現也會走樣。

讓你的眼睛集中於目標，心像集中在手邊的任務。專注過程，放下結果。

12 心像的強度，是成功的程度

「想贏的意志很重要，但準備要贏的意志更重要。」
——喬·帕特諾，知名美式足球教練

「失敗的準備，就是準備失敗。」
——韋恩·格雷茨基（Wayne Gretzky），冰球名人堂成員

席薇雅·貝妮兒（Sylvie Bernier）曾在壓力下崩潰。但現在她站在跳台頂端，滿面笑容。這位法裔的加拿大跳板跳水選手，將目光轉向她國家的國旗，唱起國歌時，唯一能阻擋她高舉獎牌、讓它像是派對氣球一樣飛起的，只有她內心對脖子上那塊金牌的錨定重量。

這次經驗跟貝妮兒的想法一模一樣。當她到達泳池的那一刻，她一整天就如她所

想，也如她腦海裡上演一遍又一遍的心像。

「我知道我會在八月六日，下午四點在決賽中跳水，」貝妮兒在《超越肌肉的心智》（*Mind Over Muscle*）中回憶道：「我知道計分板會在哪裡——在我左邊，我知道教練會坐在哪裡，一切都在我腦海裡，我知道人群會在哪裡，我能看到我的跳水跟我所想的分毫不差，當我走到領獎台時，我早就見過它了。」

「這就像是法文說的『déjà vu—既視感』。」

這位來自魁北克的二十歲冠軍之所以贏得比賽，是因為她面對人生中最重要的賽事時，帶有每一個運動員都需要的某一樣東西。

自信心。

你認為心智練習中，最重要的部分是什麼？這個問題是我過去二十年來，在搭機或乘車前往體育場時，對數百位經理、教練和職業選手的提問。答案永遠是一樣的，那就是自信心。當你有自信時，你可以放鬆，相信自己所擁有的，並表現出你的最佳水準。信心是其中關鍵。

信心從何而來？偉大的運動家說，自信來自他們知道自己做好了身心的準備。經驗告訴他們該做什麼，自信則讓他們做下去。**自信心是一種情緒，讓你知道自己已經準備好去面對任何事，無論在心智、身體、精神或任何方面都已經準備萬全。**

艾倫·布魯納西尼（Alan Brunacini）是消防界的文斯·隆巴迪，這位鳳凰城消防隊的負責人對於自信有個有趣的說法，他告訴我，自信就是當你不知道該做什麼時，知道自己要做什麼。路易·巴斯德（Louis Pasteur）從未在毒辣烈日下，撲滅過任何一場四級大火，他也不曾帶領球隊打進超級盃，但這位十九世紀科學家的名言適用於消防員、足球員、奧運跳水運動員，以及所有的執行者：「機會，是留給準備好心智的人。」或如同高爾夫名人湯姆·凱特（Tom Kite）所言：「給好運一次能發生的機會。」

在本書中，我們強調心智準備與體能準備同等重要，甚至是更重要。電視播報員阿馬·拉夏德（Ahmad Rashad）曾是NFL全明星賽接球員，他說：「有些運動細胞非常強的選手只是出賽然後比賽，但過了四、五年之後你就再也聽不見他們的消息了。聰明的人知道，他們要強的是十年、十二年。他們用的是心智，而不是體能。」

「自信心」是準備的結果，而準備則始於一項心理比賽計畫。**頂尖選手不但能預見最好的狀況，也能預見最壞的狀況。他們不會想像失敗，但他們在心像中做好應對**

不愉快與困難的計畫。在體育之中，球的路徑可能很有趣，也可能不有趣——很多時候比賽、競爭並不如我們所想的那樣發展。但對於準備好的運動員來說，他不但有A計劃、B計劃，以及C計畫。

雷吉．傑克森把獲勝形容為「準備的科學」，他說：「準備工作可以用一句話來定義，那就是『可以做一切的都做』，任何細節都不放過。」

美國太空人接受第一次飛往月球的訓練時，對於一切可能順利或失誤的狀況進行排練，這麼一來，如果發生了不尋常的事，他們就會知道如何應對。他們盡可能準備，所以表現不會失準。

前NFL四分衛弗朗．塔克頓（Fran Tarkenton）在職業生涯中，為即將到來的比賽準備時，會用心像看見自己在困境中的表現，他說：「我試著想像每一場比賽的情況，還有他們設下的每一次防守。我告訴自己，我該在他們的五碼線上做什麼，這是必須達陣的第三檔進攻，但我們短傳不太順利，他們的防線看起來像一堵牆，我們現在落後六分……」

以下這一位運動員有著心像大銀幕，他會用心智為身體進行演練。名人堂投手諾蘭・萊恩描述道：「比賽前一晚，我會躺下、閉眼，然後放鬆身體，為比賽準備好我的狀態。我研究對方整個打線，一次研究一個打者。我準確地想像我投給每一個打者的球，我看到且感覺到自己投出了我想要的球。在我開始進場熱身之前，我已經面對過對方的打者四次了，我的身體已經為了我所想像的做足準備。」

當你放鬆時，你會處在更容易接受心像與正面肯定的狀態。史蒂夫・卡爾頓（Steve Carlton）是前費城人隊的三振王牌，他也有自己的賽前安排。像萊恩一樣，卡爾頓也會在訓練桌前伸展、閉上雙眼，「很多人以為他在睡覺，」卡爾頓的捕手蒂姆・麥卡弗（Tim McCarver）說：「但他想的是到好球帶的軌跡。他想進攻外角或內角，他甚至不考慮關於過程中的一切。透過不去想，他於是能用自己的方式工作。」

ESPN播報員哈羅德・雷諾茲（Harold Reynolds）曾在水手隊擔任二壘手時，他用了圖像的技巧：「當我在短跑訓練時，我會聽著比賽陣容，想像我與這些傢伙比賽的地點。前一晚我會在心智與身體上，記下他們如何傳球，又要我如何配合。我會記下一舉一動，無論他會與我有默契，或者對我吹毛求疵。我必須為這些事做好準備。」

奧運冠軍巴特・康納（Bart Conner）在心中排練了他的比賽，在《贏家之所以會贏》

（*What Makes Winners Win*）一書中，康納說他看見自己是個體操運動員，按照自己的例行訓練，感受著比賽的節奏和時機。「接著，我試著想像自己就是站在後面看我表現的那個人，」康納說：「這個畫面是有些微不同。但當我看到那個畫面時，我一定會是最佳狀態。你只要能讓這些事情具象化，你能看見場面、體育館、裁判、比賽場地，看見你的裝備在哪，以及粉筆托盤的位置，你能看見所有一切。所以，當你真正上場時的感覺，就是，哦，我來過這裡。然後你會信心十足，因為你好像經歷過了。」

就像你不會沒有練習打擊，就直接參加棒球比賽——所以在沒有進行心像練習的狀況下，也不要貿然參加比賽。要具象化自己的表現，看見你的行動，感覺自己正在動作，聽見聲音，聞到氣味，讓這些心像盡可能生動清晰。

自信出於你知道自己已經做好了心智與身體上的準備。過度準備，如此你便不會失準。

第四部

直入心流，你的完美時刻

1 果斷勝於正確

「要果斷。一個優柔寡斷的決定，會比一個錯誤的決定帶來更大麻煩。」

——伯納德．蘭格（Bernhard Langer），世界排名第一的高球好手

「如果你的心智遲疑了……你的肌肉又如何知道該做什麼？」

——哈維．佩尼克（Harvey Penick），知名高球教練

二〇〇〇年美國名人賽的最後一輪當天，維傑．辛格（Vijay Singh）收到了一個驚喜，這種驚喜會觸動父親的心靈，並帶來笑容。他九歲的兒子卡斯在高爾夫球袋上釘了一張便條，上面寫著：「把拔，相信你的揮桿。」

為了不讓男孩失望，這位頂尖人士照做了。這位名字意思為「勝利」的斐濟男人，從第一洞到最後一洞自信穩健地打球，以三桿優勢贏得名人賽冠軍。後來，他帶著卡

斯一起出現在冠軍的記者會上，身穿綠色外套得意地笑著。

「這就是我試著去做的事，」辛格一邊回想那輪比賽一邊說。他看著兒子說：「相信我的揮桿。」

成功的運動家會相信自己的能耐，他們專注於每一次揮桿、每一次打擊、每一次投球。每當有朋友問我高爾夫的技巧時，我總會告訴他，**我最好的建議就是：果斷勝於正確**。已故的哈維・佩尼克是最受敬重的高球教練，他曾表示，如果你優柔寡斷、心存疑慮、缺乏決心，你的身體怎麼知道要做什麼？我們全都看過最有才華的運動員發生過的事：他們在壓力下舉棋不定，他們不信任自己的能力。

一九九〇年美國名人賽的延長驟死賽就上演過這一幕。那幾乎是一個近洞球（gimme）：斯科特・霍克（Scott Hoch）的球與勝利之間只有兩英尺，他到某個方向去對準這一勝利推桿。他走到洞口，再看了一眼。他回來之後又跪在球後面，研究了一會兒路徑，接著又再看了一眼。

那充其量二十四英寸，而且直到不能再直，但霍克看起來就像撞球界的名人「明尼蘇達胖子」（Minnesota Fats），他打球時會先在綠色氈製的球台繞圈，再擦個巧克——

在四顆星灌球入袋（bank）之前，觀察好每一個角度。

時間越來越久了。有些運動員在壓力之下會無意識地加速，但霍克卻放慢了速度。名人堂成員奇奇·羅德里格斯（Chi Chi Rodriguez）說：「少花時間在記分卡，多花時間來研究球洞。」這是個好建議，但霍克卻把這個球洞當成《戰爭與和平》一樣來研究。最後選手走向球，擺好架式，眼神不安地從球到洞、從洞到球來來回回地掃視著。

電視上看到這些的冠軍班·克倫肖（Ben Crenshaw），發現霍克已經花了五十五秒，而且還可以拖下去——不禁要失聲尖叫。

「天哪，」班喊：「打球啊！」

最後，霍克把推桿往後帶。在他這一桿，祈禱多過於信念。啪嗒，球推了三英尺超過洞口。班嚇得縮了一下，搖了搖頭：「就像我父親講的一樣，」班難以置信地說：「我的老天爺！」霍克最後輸給了尼克·佛度（Nick Faldo），後者在第二個決勝延長賽中打出博蒂。

懷疑會讓心智混亂，遲疑會讓人癱瘓。有句話說，一個懷疑自己的人，就像一個投誠敵軍、對自己兵戎相向的人。

在各項競賽中，自信與信念都是必不可少的。道奇隊（Dodgers）的名人堂投手山迪・柯法斯（Sandy Koufax）說：全心全意投出的爛球，比心存懷疑投出所謂正確的球更好。「你必須確信自己正在做正確的事，你要確定自己正在投你很有把握的一球。」

道奇隊的王牌投手凱文・布朗（Kevin Brown）說，如果你帶勁地投出一顆糟糕的球，至少你更有機會擺脫這個泥淖。

成功的習慣，是在實踐中養成的。而在實踐中，你學會了專注的技術。「在一場艱困的競爭之中，你可以要求自己『專注！專注！』，讓艱困的事不會發生。」前網球女王瑪蒂娜・娜拉提洛娃（Martina Navratilova）說：「專注誕生於練習場上……你必須在心智上，把你的練習當成比賽，專注你打中的每一顆球。」

你在練習時，學會訓練自己的大腦與身體，山姆・史立德認為，練習就是你把大腦置入肌肉的時間。**有意識的常規練習，將給你帶來無意識的成功習慣**。常規練習這件事是你所能控制，而且有著目標性。名人堂成員諾馬・賈西亞帕拉（Nomar Garciaparra）走進打擊區之前，會做出一連串煩躁的動作，反覆拉扯他的打擊手套。他擺好架式，用一支腳趾輕踏地面，然後再換另一支，這些都是他在練習中表現出的古怪習慣。每位打者都有自己的常規動作。常規動作是令人安定的一套機制——觸發機制，但這不同於基於迷信的儀式，例如偉德．博格斯在每場夜間比賽之前的下午三點都會吃雞肉。

以高爾夫的世界來說，開始時的常規動作就是球員站在球後方、看著目標。在思維模式之中，這正是時候分析與制定策略。運動員要問自己，旗桿在哪裡？風向往哪？正如傑克．尼克勞斯所描述的，現在是時候建立起擊球的心像。

一旦你決定如何打這一桿，一旦你開始帶球，你就該讓心智脫離，這樣你的身體才能發揮作用。關掉分析型思維，再將思維模式切換到信任模式，因為你無法同時思考並揮桿。

問問自己：你會比你自己的本領更優秀嗎？不會，所以你只管相信它。

你必須百分之百投入每一個動作。如果你心存疑慮，你的肌肉就會無所適從。運用常規練習，讓你從思考模式轉為信任模式。

2 如入化境：成功自然不過

「每次我上場都不知道會發生什麼。我活在當下，我比賽於當下。」

——麥可．喬丹，籃球大帝

「當我處在最佳狀態、不做思考，一切就這樣發生了。」

——奧茲．史密斯，大聯盟名人

班．克倫肖在一九九五年美國名人賽首輪比賽中，打出低於標準桿的成績時，他本人也跟其他人一樣驚訝。他前一天還在德州奧斯汀市（Austin）參加他九十歲的老師兼老友哈維．佩尼克的葬禮。班六歲時，哈維給他第一支球桿。多年來，哈維不斷給予他的學生鼓勵與基礎教學，他傳授的是比機械化的教程更深入的哲理。這場葬禮結束後，班飛往奧古斯塔高爾夫球俱樂部，抵達時他感覺疲倦、空虛、筋疲力盡。他失魂落魄。

「我不知道我會發生什麼，」班開球前說。四天後，他從沒想過的事情卻發生了。距離上一次贏得名人賽冠軍的十一年後，四十三歲的班再次獲勝。最後的推桿入洞時，班彎下腰，雙手掩面哭了起來。

「我還是對此印象深刻，」五年後他回顧：「那個星期發生了很多無法解釋的事。我很長一段時間表現不良，但我卻在第一天信心大增，而且一路保持。我很放鬆、也很堅定。在很多方面，我感覺自己又回到了童年……那整個星期我都是憑直覺打球，我從來沒有這麼平靜過。」

許多身經百戰的運動家，或者投入專業工作的人，都有經歷過那些神奇的時刻，在那段期間，他們的訓練與對自己的信任完美和諧地結合在一起。他們的表現很順暢，毫不費力，幾乎是無意識的動作。這種高水準的表現——麥可．喬丹將其描述為多年努力與準備的回報——是無法解釋的。有時，這些特殊時刻似乎是上帝的恩典。

你或許也經歷過一些比賽，那時一切都步上軌道，就像保險櫃裡的不倒翁一樣。你會想捏自己一把，來證明這不是夢。有時你想發笑並告訴自己：「這不是真的，我沒這麼強！」但在那個時空之下，你就是。

每一位偉大的運動家都知道種感覺。他們會用不同的字詞來形容：自動駕駛狀態、頻率相應、控制自如、極佳狀態。日本棒球選手則有自己的說法：無心。大致的意思是沒有思想。網球明星亞瑟．艾許稱「在心流中比賽」。

「心流是運動體驗的本質，」前NFL球員戴夫．梅格西（Dave Meggysey）說：「那些超越自我的時刻，是體育運動的基本和主要吸引力。」

這些時刻很少見，也很具啟發性。曾創下三十一項世界紀錄的俄羅斯舉重選手尤里．弗拉索夫（Yuri Vlasov）在休訓時寫了一段詩，他對「心流」體驗的描述，反映出他的詩人靈魂：「在巨大、勝利的努力到達頂峰時，當你的血液在腦中砰砰作響時，你的內心忽然間變得平靜。一切似乎比以往更清晰、更明亮，好似點亮了許多聚光燈。在那一刻，你堅信自己擁有世界上所有力量，你無所不能，你有翅膀。生命中沒有比這更珍貴的時刻了——那是白色化境，你得付出努力好幾年才能體驗一次。」

各種專項運動的選手偶爾會體驗到自己進入這種狀態。前NBA球員貝倫．斯科特（Byron Scott）說：「你能聽見的，只有你內心深處的細微聲音，每當你碰到球，就會指示你要投籃，因為你知道這一球會命中。」

鳳凰城太陽隊的查爾斯．巴克利在對陣金州勇士隊（Warriors）的季後賽中拿下五十六分。他在第一節連續十一次投籃、上籃、跳投、三分球，從球場上各個角落得分。沒有失誤，一球又一球，然後再一球，他板凳上的隊友都站了起來搖頭笑著。喬．克萊恩（Joe Kleine）用雙臂畫了一個圈，似乎在暗示籃框有呼啦圈這樣大。巴克利越過某個防守球員一記跳投，這位太陽隊的巨星轉向擠在籃框下的一個勇士隊啦啦隊員，他笑著說：「你們攔不住我，今晚休想。」

已故奧克蘭運動家隊（Athletics）的吉姆．亨特（Jim Hunter）已經達到投手的極致表現，他回憶：「我並不擔心一場完全比賽走到第九局，那就像一場夢。我一直繼續，就像我在發呆。我整段時間都沒有在思考，但如果我那時想到這件事，我就不會投出完全比賽——我知道我不會。」

進入心流時，你就已經從訓練模式切換到信任模式。你並不是在與自己戰鬥。你什麼都不怕。你活在當下，活在一個特殊的場域與時刻。我是經過認證的催眠師，我在處於恍惚狀態的人與進入心流的選手，看見兩者的相似之處。老虎伍茲十三歲時，向某位運動心理學家求助，後者教會伍茲如何利用催眠來阻斷他的意識思維，並加強他的決心和注意力。催眠技巧幫助這個選手進入了高度專注，以至於他根本不記得自己進了哪些球。伍茲向《紐約時報雜誌》（*New York Times Magazine*）說：「你有沒有過走上發球台然後說『不要偏左，也不要偏右』？那就是你心智的意識。我的身體知道怎麼打高爾夫，我受過訓練，我只要脫離我心智的意識就好了。」

進如心流的運動員會有「時間扭曲」的體驗，感覺一切似乎都慢了下來。NBA球星雷吉．米勒（Reggie Miller）描述他的最佳表現時說：「那一切好像都是慢動作。」中國的太極形容這是「掉入洞裡」，對於時間流逝的意識完全停止了。

有另一些人則體驗到了大小與空間的扭曲，他們說「球看起來像葡萄柚」，或「籃圈是呼啦圈」。

在心流的運動員清楚地看到一切，他們很放鬆，他們用安靜的心智展現自己，沒有猶豫與懷疑。他們幾乎能預見要發生的事。他們完全沉醉。高球名人托尼．傑克林（Tony Jacklin）把心流比喻為一個繭，戴夫．溫菲爾德則說：「我在我自己的世界裡。」美國公開賽冠軍佩恩．史都華形容：「當它發生時，你就只會看見球與洞。」

你經歷過「白色化境」嗎？你能回憶那些時候——你根本不在意對手或結果，只是單純活在當下、展現出最佳狀態的時候嗎？

在運動中沒有比這更好的感覺。

你越想努力進入心流，你就會離心流越遠。

心流是你所有努力與準備的獎勵，順其自然，享受當下。

3
「低潮」通常只是心理狀態

「消沉就像一張柔軟的床，上去容易，下來困難。」
——強尼・班奇，大聯盟MVP

「滿載的心智，一棒都打不出去。」
——布蘭奇・瑞基，大聯盟高管

小熊隊幾年前在第一輪選秀中看上了瑞克・威爾金斯（Rick Wilkins），這位年輕的捕手被認為是不容錯過的潛力股。套一句體育界的老話：他的未來就在眼前，而眼前的未來就是他。威爾金斯為中西聯盟（Midwest League）1A的皮歐利亞酋長隊（Chiefs）效力時，開始在本壘板上掙扎。忘了打棒球吧！「我根本一點準頭都沒有。」這個年輕人說，他在輸球之後日漸沮喪。

第二天，我應小熊隊的要求，前往伊利諾伊州皮奧里亞市，與這支農場球隊合作。那天下午，我向酋長隊發表了一段鼓舞士氣的演講，內容關於心智方面的表現。球員與教練都相當投入。

那天晚上威爾金斯看起來像是變了人。這孩子第一局打出一支全壘打，第三局他打了兩支。他後來又加了一支高飛犧牲打。「這一天的變化多麼大，」威爾金斯在賽後笑容滿面地說：「我不過是把球看清楚，然後揮棒出去。」第二天早上，當地報紙的標題上寫著：小熊隊的萎靡讓新秀走出低谷。

第二天與威爾金斯交談之前，我一直處於欣慰與自豪的狀態。但他後來告訴我，他因為預約看牙醫所以錯過了我的演講。

體育就像是雲霄飛車，是一系列的表現，過程中會歷經高低、起伏與曲折。假如運動員最棒的一天是「心流的體驗」，那最糟的一天就是他在低谷中不知所措——這是體育運動的自然循環。雖然我們用棒球的例子來說「消沉」這兩個字，但所有項目的運動員也都會有類似的經歷：他們感覺自己什麼都做不好。

田納西大學（University of Tennessee）美式足球隊曾以二十四比〇擊敗阿拉巴馬大學

（University of Alabama）隊，這是「大熊」布萊恩執教阿拉巴馬隊的一百一十五場比賽中第一次沒有得分。阿拉巴馬的紅潮隊（Crimson Tide）試了五十一次傳球，但田納西的志願者隊（Volunteers）攔截了其中八球。在進攻前的小會議，阿拉巴馬的某位外接員不改幽默，建議他的四分衛把球丟給田納西的線衛（linebacker）：「我來看看我能不能把球攔截下來」。

高爾夫球員伊恩・巴克—芬奇（Ian Baker-Finch）拿下一九九一年的英國公開賽冠軍，接著就陷入了長期了低潮。他的比賽離他而去，連告別都沒有。有時候其他運動員也會無助和困惑，就像一位大聯盟新秀暫停打球，還去找資深隊友請益一樣。那位老鳥建議年輕人換一支二十九盎司的球棒。

「這樣會有幫助嗎？」年輕人滿懷希望地問。

「沒用，」老鳥說：「但把它扛回去休息區會輕很多。」這個古早笑話要表達的是，雖然克服低潮的理論多如牛毛，但不幸的是，沒一個管用。

有些運動員應對低潮的方法，就是一概否認它的存在。戴夫・亨德森（Dave Henderson）在打破了二十打數無安打的僵局後，聲稱：「我並沒有陷入低潮，我只是沒打到而已。」尤吉・貝拉沒有打到球時，他並沒有自責，他認為球棒才是罪魁禍首。

他如果繼續低潮下去，他就會換掉木棒。「我知道這聽起來很蠢，」貝拉解釋：「但這能讓我不陷入低潮……讓我保持信心。」

名人堂成員比利．威廉斯（Billy Williams）是芝加哥小熊隊的打擊教練，他把低潮比喻為會轉移的疾病：「一種從你的腦袋開始，到你胃部的消沉感。你知道它最終會發生，於是開始擔心。這就表示你知道自己在其中了。這會讓你生病。」

有時，低潮可以追溯到身體疾病或結構毛病，但很多時候問題都出在心理。這些求存的運動員開始過度分析，他們聽到理奇．齊斯克說的那隻猴子在他們腦袋裡喋喋不休。他們開始思考得太多。在《史努比》中，史努比稱讚糊塗塌客（那隻小黃鳥）完美降落在牠的狗屋的屋頂上，然後問起空氣動力學的事：「如果你再飛一次，你會用腳推嗎？還是你會先拍翅膀？你是扇動翅膀之後稍微傾斜嗎？還是你會……？」下一格漫畫，糊塗塌客從畫面中消失了，因為牠起飛後「啪！」一聲摔到了地上。史努比把這個教訓歸納成：「如果你思考，你就做不到。」

有個前棒球選手談到自己的低潮時這樣說：「我已經盡我所能不做思考，但因為我如此努力不去想，最後我無法停止想這件事。」

過度思考常導致過度嘗試。「當你陷入低谷時，你就會開始想上場打出一支全壘打，」大聯盟外野手科里．斯奈德（Cory Snyder）形容：「你開始對自己施壓，而不是讓這些事實現，你讓所有消極的想法在腦海中浮現。」

不久前，某個NBA球員在自己職業生涯的低潮來找我。接連的受傷影響了他的長距離投籃，他的命中率大幅下降，媒體的審視增加了他的壓力與挫敗。他應對退步的方法是花更多時間、精力去練習。我勸他放鬆，讓身體休息，讓他的心智遠離比賽幾天。逃離籃球，帶妻小去野餐。他為了恢復狀態，他把自己挖得更深，而他需要放下他的鏟子。

多年前，我在鳳凰城聖盧克醫療中心（St. Luke's Medical Center）擔任主任，我遇到了當時擔任奧克蘭運動家隊球員發展的主管卡爾．庫爾（Karl Kuehl）。庫爾一生充斥著競賽，當過球員、球探、教練和球隊經理。他與我分享了他對選手心智競賽的看法，而這後來變成他一本書的書名[1]。

1 此處著作為《棒球的心智比賽》（*The Mental Game of Baseball*）

庫爾曾問過某個大聯盟球員，比賽當晚會集中精神做些什麼。那名球員當時表現尚可，打擊率兩成二六。

「我希望能打出幾支安打，接著就能得一些分。」這名球員說。

庫爾提醒他，打者無法控制自己能打出安打或順勢得分。庫爾是對的，打者應該專注於他能掌控的，而非以結果為導向。應專注於高品質的打數上。什麼是有品質的打數？指的就是放鬆、看清楚球，以及耐心。大聯盟有打擊率兩成五的選手，也有三成的，兩者差別只有一週一支安打而已。

克服低潮的關鍵，就是找到一個能帶來變化的改變。通常這代表要少做、而不是多做。

賽場充斥著起起落落。記住，如果掉入洞穴，第一條金律就是停止挖洞。回到原點，讓事情簡單化。

4 關於勝利的10種矛盾

「想在棒球領域成功，就像在生活中一樣，你必須有所調整。」
——老葛瑞菲，棒球名人

「在你變得更好之前，有時候你得先變得更糟。」
——湯姆・沃森（Tom Watson），八次贏得大滿貫的高球好手

為什麼拳擊擂台是方形的？棒球場的界外標竿（foul pole）公平嗎？這些問題說明了體育運動矛盾的本質。

悖論的定義是，一個可能正確、但看似矛盾的陳述。像史蒂夫・麥克金尼（Steve McKinney）打破了下坡滑雪的世界記錄後，他說：「我發現了在速度中保持靜止、在恐懼中保持平靜的中庸之道。我比以前更長久、更平穩地取得平衡。」我每次談到悖論，

就會想起穆罕默德．阿里在前薩伊共和國對抗喬治．福爾曼（George Foreman）而的重量級拳王對決。誰會想到拳擊手可以「藉由叫對手攻擊自己」獲勝？甚至進攻越多越好？但阿里就是這樣做，在第七回合，阿里靠在繩索上，允許（鼓勵）他強大的年輕對手進行一連串軀幹攻擊。然後這招「用邊繩休息加閃躲」的策略奏效。第八回合，由於福爾曼手臂疲憊不堪，阿里變換了防守姿勢，用左右組合拳將福爾曼擊倒。

阿里的策略，似乎跟躺著過跳高橫桿的想法一樣矛盾：迪克．福斯貝里（Dick Fosbury）在墨西哥城奧運會上，背對著跳高橫桿，然後飛身躍過，這位美國選手獲得金牌，而他發明的創新技術「背躍式」又稱為「福斯貝里跳」（Fosbury Flop），此後幾乎每一個跳高選手都使用了這項技術。

體育運動總是不斷變化，直傳改變足球，跳投改變籃球，概念矛盾的木桿頭（Metal woods）改變了高爾夫，大尺寸球拍改變了網球。

正如競賽會改變，運動員也必須願意做出改變、接受調整，但這並不容易。你可以試試把雙臂交叉抱胸。現在伸開雙手，再抱胸一次，但請交換兩隻手臂的上與下。感覺很不自在，不是嗎？這感覺不自然。正如我們之前所說的，在對比賽進行必要調整的過程中，你的表現可能會暫時受到影響。但在你變得更好之前，你必須願意接受更糟，這也是我們接下來要討論的悖論之一。

體育運動是一種平衡的遊戲。我要舉的一個例子是，生病的人吃藥來恢復健康，但藥物過量可能會有毒性，甚至致命。在學校裡，孩子們被教導如果沒有成功，那就再試一次。我告訴運動員：沒錯，就再試一次，別放棄。但或許你也能嘗試新的事物，或許結果出乎意料——來個一百八十度大逆轉。有很多教練的思維都很僵化，一切都是非黑即白，但事實並非如此。運動可能同時是黑或白，就像東方的陰與陽。我試著指導任何一個選手進入灰色地帶，去理解、接受體育運動的矛盾性。

讓我們來細看這十個似是而非的勝利矛盾：

勝利矛盾1：積少成多？

有時候，最高的行動就是無為。運動員需要休息和恢復時間，不這樣做，他們就會過勞、力竭，更容易受傷。在本書中，我們引用了文斯．隆巴迪的名言：「人越苦幹實幹，就越不想放棄。」不努力又怎麼會有優勢呢？

某一年，亞利桑那紅雀隊連輸了三場比賽。教練組的反應是進行更多練習——有很多教練都是這樣，他們認為，如果贏不了球，是因為球員就努力不夠。所以這支ＮＦＬ球隊在感恩節當天也訓練，但球員們根本不想出席。他們的心思都在家庭與火雞晚餐那裡。他們最後做了一場馬馬虎虎的訓練，而他們的明星後衛提姆．麥克唐納（Tim McDonald）則膝蓋受傷，錯過了賽季的剩餘比賽。

勝利矛盾２：越是努力進入心流，就會離得越遠

我們在〈如入化境：成功自然不過〉一節中討論了這個問題。先努力鍛鍊，接著讓表現自然流暢。**不要試圖讓事情發生，但要相信你自己的本領，讓一切發生。**

勝利矛盾３：嘗試放鬆或許更難

有很多運動員在競爭之中投入了過多的肌肉，試圖創造力量。通常，過度用力只會弄巧成拙。請記住高爾夫選手的禱告：「神啊！請賜我揮桿更輕鬆的力量吧。」

勝利矛盾4：過度控制，會失去控制

或者你可以透過「放棄」來「掌握」控制權。一旦投手變得過於謹慎控制自己投出去的球時，他們往往會開始瞄準並控球，但結果卻總是不好！當他們放棄這個流程，成果就會提高。這在高爾夫球場也時常發生：一個高爾夫半吊子因為表現慘不忍睹，於是放棄了贏的希望。但就在這時，他突然推進四十英尺，或是打出當天最長最直的一桿。為什麼？因為他不再過度控制自己揮桿。

勝利矛盾5：慢下來讓你更迅速

杰．諾瓦塞克在大學田徑隊的訓練中，學到了這個相互矛盾的事實：穩步大於衝刺。要快，但不要匆忙。我曾和某個高爾夫球選手合作過，他說自己想得到公開賽的資格。他沒有在他早晨的回合前提早到達，而是比原訂計畫還要晚。結果他開始衝刺時並沒有發揮出最佳狀態。**捷徑時常讓人誤入歧途**。

勝利矛盾6：對失敗的恐懼，提高了失敗的可能

恐懼造成緊張，影響協調和節奏，降低成功的機會。通常，一支連贏的隊伍，會專注在不輸球。然而當連勝結束，脆弱的恐懼崩解之後，球員終於能鬆了一口氣了。他們可以告訴自己和團隊：「現在，我們可以重新開始，專注在一次贏一場比賽。」

勝利矛盾7：保守可能很危險

有時最大的風險，就是不去冒險。花式滑冰運動員關穎珊在一九九八年冬奧最後一場比賽的表現保守。而處於劣勢的塔拉．利平斯基（Tara Lipinski）則豪不退縮，完成了難度更高的動作，並摘下金牌。關穎珊後來用她「自己」的表演贏得世界冠軍。為了安全起見，很多運動員進入下一階段的競爭時，也不願進行必要的調整。曲球技術好的投手會在1A裡可以投出三振，但同樣的球到了大聯盟只不過是塊小蛋糕。改善，必然需要摒棄舊的模式。

勝利矛盾8：以退為進

有時候，你必須洗鍊過才能昇華。老虎．伍茲重新調整揮桿時，會退後一步。他和他的教練布奇．哈蒙（Butch Harmon）相信，從長遠來看，伍茲會成為更穩定、更傑出的球員——而他確實做到了。

勝利矛盾9：放棄追求目標的欲望，成功率反而會提升

你越想實現目標，對自己的期望就越多。比起其他錦標賽，格雷格．諾曼更想贏得美國名人賽冠軍。他可能就是太想贏了，有人認為這是他失敗的最大原因——儘管他只有一步之差。要自己獲勝的機會，但要放下贏的想法，專注於執行與過程。

勝利矛盾10：集中意志，但拋去意識

體驗到「白色化境」的運動員會拋去意識的心智。他們被包在一個繭裡。他們只活在當下。

理解體育運動的矛盾本質。

學會在灰色地帶中游移。有時你必須洗鍊過才能昇華。

5

從A到A+的祕密：一致性

「一致性最重要，你必須把事情做到極致。」
——漢克．阿倫，大聯盟傳奇球星

「高爾夫的世界裡，最偉大、艱難的學問就是『表現不佳』，而所有大師幾乎都熟悉這門學問。」
——傑克．尼克勞斯，高爾夫球王

毫無疑問，本章提到的問題會出現在我連續三次推桿、或我吞下雙柏忌走下果嶺的時候——那時我會搖著頭，血壓直逼紅線。然後我們隊上的某一人會轉向我，問說：「蓋瑞，你的工作是什麼？」

這些不自在的時刻，我討厭承認自己是一個專業的運動心理諮詢師。我知道他一定這樣想：這傢伙靠幫助別人比賽賺錢？如果問題在我打得不好時出現，我會假裝微笑，並告訴自己：「當你給自己諮詢時，卻突然變成笨蛋了。」

高爾夫球讓我著迷（沮喪）的，就是這種無法預測的表現。某天我能打出七十五桿，這對我來說算是不錯的一輪；第二天，在同一座球場上用相同的球桿，我卻可能要打八十五桿。

我今天會成為哪一個我？白天還是黑夜的化身博士？我有一個球友鮑伯，他打得不好時會笑著告訴我：「我那個邪惡的雙胞胎兄弟今天又出現了。」

運動心理學尤其適用於兩種運動員。第一種人在練習中表現很好，但在競爭時卻因為自我意識或過度焦慮而崩潰；第二種人雖然資質聰穎，卻無法有一致表現。**一致性，是A與A⁺的分隔線。頂尖的運動員總是能獲勝，因為他們的思考、行動與練習都是一致的。**

一致性是決定性的品質保證，世界冠軍紐約洋基隊經理喬・托瑞（Joe Torre）說：「無論你從事何種工作，一致性就是你的招牌。這比曇花一現重要得多，只要做得有一致性，你就會被認為是優秀的。」

是什麼讓克里斯・艾芙特成為冠軍？「我父親的指導、訓練，以及他持續的鼓勵都為我鋪平了道路，」這位前網球巨星說：「但更重要的是：我能在很長一段時間裡穩定表現，因為我從不回頭，從不沉浸在失敗。我總是向前看。」

最頂尖的運動員就是每天都能有高水準表現的人，就算他們不舒服或是沒有比賽也是如此。正如傑克・尼克勞斯所說，「表現不佳」是一門學問。

後援投手丹尼斯・艾克斯利並不是每一次都神準。他其實在那些日子裡，運用了一點心理伎倆，他說：「你得裝出來。你必須要。你不能讓別人知道你投得不好。還要注意肢體語言，我如此相信。你依舊必須表現得像是王牌。好的快速球當然裝不出來，但我不是那個意思。你必須給別人一種印象，是你能夠即時發揮你的本事。」

這就像電視的止汗劑廣告——永遠不要讓他們看到你在流汗。阿爾伯特・貝爾說，他可以從投手的表現來判斷他是否自信，或者緊張顫抖。人會透過肢體語言，來表達自己的思想與情感。在《史努比》中，查理・布朗低頭站著並看著鞋子，他告訴露西：「這是我沮喪的姿勢。」下一格漫畫中，他收起肩膀、揚起下巴：「你能做的最壞打算，就是挺直身體、昂起頭，這樣你就會開始感覺好一點。」最後一格，查理・

布朗擺著他的命苦姿勢說：「當你低潮到不行，想稍微舒服一點的話就要這樣站著。」

喬．迪馬喬說：「當你感覺糟透了，你就應該用力跑起來。永遠別讓別人知道你很沮喪。」

克里斯．艾芙特比賽時內心翻騰。如果她的信心動搖、失去鎮定，她也會努力不表現出來。「如果你輸一次之後屈服於情緒，你可能會連輸個三、四次。」

每個運動員都會有不順的時候，阿諾．龐馬說：「即使外在環境不好，你也要保持內心平靜。」山姆．史立德認為，為了達到一致性，高爾夫球員必須讓自己與球場上的事保持一定距離。這不是冷漠，這是超然。吉姆．庫爾伯（Jim Colbert）也回應了史立德的建議：「我對球場發生的任何事都是零反應，沒有什麼小鳥或柏忌，也沒老鷹或雙柏忌，那只是數字而已。如果你能體認這點，你就能好好打比賽。」

班．克倫肖認為，高爾夫就是接受球位。你是否有過這種經驗：打出糟糕的發球之後，然後奇蹟般地從樹林把球打到果嶺？**當你表現好時切勿表現驚訝，當你苦戰時也別讓別人知道**。

保持鬥士精神。即使你感覺內心崩潰，也要挺直腰幹，保持自信。所有在競爭中的表現者都是一種思維模式的展現，正如他們能將自己思考成一種表現方式一樣。心態永遠重要。戴夫．溫菲爾德是三千安打俱樂部一員，他知道想法會影響感受，而感受也會影響表現。他說：「上場比賽前，你有時必需告訴自己你會打得很盡興，感覺很棒……一般狀況下，做得好會帶來樂趣，但我想在做好之前就先有樂趣。這招有用。」

要有一致性的表現，你必須有一致性的準備。成為你想成為的人，直到你成就你所做的事。

6 心智卓越者的10項特徵

「無論從事的領域，一個人的生活品質，會與自己追求卓越的付出呈正比。」
——文斯·隆巴迪，NFL傳奇教練

「我漫長的棒球生涯始於一個祕密：愛是一切事物的核心。」
——王貞治，全壘打紀錄保持人

俠客歐尼爾的職業生涯早期，與他的美國隊友前往雅典參加世界大學運動會（World University Games）。有位作家詢問這個兩百一十五公分的中鋒，他造訪當地時，有沒有去參觀帕德嫩神廟。

「沒有，」歐尼爾的答案是：「我還沒參觀完所有的球隊。」

從那時起，全世界已經看見這個男孩作為籃球員與大人的成熟。歐尼爾最顯著的成長出現在二十八歲，也就是他的第八個職業賽季。當時他得分位居聯盟第一，籃板排名第二，火鍋排名第三，帶領洛杉磯湖人隊創造了六十七勝十五負的戰績，奪得NBA總冠軍。

在那個賽季，歐尼爾想到去年夏天他與叔叔的一次蒙大拿划船之旅。歐尼爾知道他的新教練菲爾・傑克森在河邊有一間度假別墅，他在旅途中找到了這間屋子。在能夠俯視碼頭的窗內，歐尼爾發現了傑克森在公牛隊時贏得的冠軍獎杯，「六顆金球」歐尼爾回憶道，那些獎杯在陽光下閃閃發光：「我的眼睛要被閃瞎了。」事實上，它們的光芒開啟了歐尼爾的雙眼。

在他獲得他自己閃亮獎杯的那一天（一九九九到二〇〇〇年MVP），這NBA的霸主說，他希望有「大亞里斯多德」的稱號，他的說法是：「亞里斯多德說過，卓越不是一種特別的行為，而是一種習慣，你一再的行為決定了你這個人。」

顯然，並不是讀過本書的人都能成為書中所引用的世界級運動家，但我們每個人確實都能成為MVP，即最有價值者（Most Valuable Person, MVP）。

成為MVP不用過人的天賦、教育或財力。一個人可以透過實現心智的卓越而成為ＭＶＰ。**心智卓越是一種思維與行動方式**。這是一種內在品質，**一種精神狀態，無論事情變得多麼困難，你都會對自己的想法、感受與行動負責任**。心智卓越是在消極狀況中保持積極狀態，以樂觀的方式處理逆境。這是在你所做的事情中找到愛與快樂，並堅定地致力於你的目標、價值觀與夢想。當情緒升溫，這能讓你保持冷靜。

心智卓越者相信競爭是一種挑戰。他們的動機是對成功的渴望，而不是對失敗的恐懼。他們擁有無條件的、高度的自尊與自我意象，他們有積極進取的態度與必勝的決心。他們相信越是努力，他們就越不屈服。他們不會放棄或卸責，他們不會放過任何小細節，幫助他們走上不同凡響的一段。他們足夠強大，能擺脫困境，也能善良、公平與誠實。

卓越不僅僅是輸贏。心智的卓越不會被裁判、對手或比賽計時器的最後一秒給抹滅。西方社會是外在導向，我們總是不斷超越自己去尋找認可與榜樣，並藉此衡量成功。我們向外尋找只能在內部找到的東西。而ＭＶＰ會專注內在努力，他知道這些努力將會外顯。

讓我們回顧心智卓越的十大特徵：

卓越特徵1：贏家的內心有願景

愛蓮娜·羅斯福（Eleanor Roosevelt）說，未來屬於相信夢想之美的人。還記得德懷特·史密斯想加入小熊隊那個感官豐沛的夢想嗎？想像就像對生命中未來美景的預告。各位要追求自己的夢想，運用目標設定將夢想變為行動。

卓越特徵2：做出承諾

MVP致力實現自己的目標。他們過著有目標的人生，他們每一個人都是小時候的泰德·威廉斯——他對著流星許願，全心全意實現那個遠大的目標，即有朝一日成為史上最出色的打者。「我討厭訓練的每一分鐘，」拳王阿里說：「但我告訴自己，『別放棄，現在受苦，然後接下來一輩子都當個冠軍』。」與阿里打過三場史詩般拳賽的喬·佛雷澤（Joe Frazier）則說：「你可以制定一個戰鬥計畫或人生計畫，但當行動開始時，事情可能不會照著你計畫走，你只能依照自己的反射動作——也就是你的訓練。這是你長跑訓練的體現，如果你在清晨的黑暗中欺騙自己，現在你會在明亮的燈光下被揭發。」

卓越特徵3：負起責任

實現心智卓越的人一定都有責任感。他們不會讓自己做不了的事妨礙自己能做的事。像諾塔．貝蓋一樣，他們都對自己與自己的行為負責。我被NFL紅雀隊開除後還有個後續發展：巴迪．萊恩才幹了兩個賽季就被解雇了，於是球隊邀請我再回去。如果我當初沒有嚥下憤怒與失望，如果我自斷後路，這可能不會發生。

卓越特徵4：以開放的心態學習和成長

MVP能將劣勢轉化為優勢。還記得《棒球先生》裡的「改善法」嗎？意思是每日的進步。你要學習如何將灰色地帶的矛盾用於競賽。我們並不是變老，我們變老是因為沒有成長。

卓越特徵5：樂觀

想要喚出內心的英雄，你必須要有積極的心態。克里斯・錢德勒本可以放棄美式足球，但他從未對自己失去信心。樂觀的精神幫助安德烈・阿格西從世界排名倒數，一路衝到一九九九年的第一名，他說：「在挫折中，我總是能學到比成功更多東西。那些才是真正的我。」

卓越特徵6：擁有自信心

沒有人能超越自己的自我意象。內在卓越的運動員，例如老虎伍茲，他們全都相信自己與自己的能力。他們執行外在的任務時，知道自己的內在該怎麼做。沒有你的許可，任何人都不能剝奪你的自尊——覺知這個事實是責任心理學的一部分。鼓起成長的勇氣，發揮你的潛力。

卓越特徵7：情緒控制

給職業運動員指引他們的生活技能時，我會盡量不讓自己聽起來太過批判。我不做指責，而是提問：「你覺得這樣做好嗎？那樣想對你有好處嗎？你認為這樣做真的成熟嗎？」

卓越特徵8：逆境商數

MVP會將障礙視為機遇，將挫折視為自己重整旗鼓的跳板。MVP會把絆腳石看作墊腳石，「大熊」布萊恩訓示他的大學選手們：「抬頭挺胸，表現得像個冠軍。」

卓越特徵9：品格帶來卓越

MVP有良好的運動家精神，喬・帕特諾說：「不榮譽的成功，是一道沒調味的菜餚。雖能充飢，但味道不好。」前教練傑納・斯托林斯說過，做對的事就不會錯，雖然這聽起來很老派，但這是真的。鼓勵他人、不要貶低別人、言行一致、堅持原則。**如果你沒有信念，任何東西可能都會讓你墮落**。如果你喜歡走在路中央，被車撞的機率就會大增。

卓越特徵10：MVP是毅力與耐力的結合

別放棄你的願景，別讓人阻撓。多與助長你意念的人相處，而不是澆熄你的人。順風時心存感激，逆風時要優雅自得。

內在的努力會顯現於外。

未來與過去與我們的心智相比，實際上都無關緊要。

7 心的格局：喚起你的內在英雄

「每當你遭遇困難，只會有一個人能幫助你。那就是你。他來自於你內心。」

——帕特・萊利（Pat Riley），NBA總冠軍教練

「一個人的體型並不重要，重點在於心的格局。」

——依凡德・何利菲德，拳王

在一九九八年美國的WNBA鳳凰城水星隊（Mercury）決賽對陣休士頓慧星隊（Comets）的比賽中，我在比賽前走進了水星隊的休息室。在這支只差一球就奪冠的隊伍休息室的黑板上，寫著哲學家愛默生（Ralph Waldo Emerson）的一句話：「英雄不比普通人勇敢，他只是多勇敢了五分鐘。」

運動不僅僅是體能上的較量，正如古希臘人所知道的，運動也是勇氣的考驗。「勇

氣」的英文來自拉丁語，意思是「心」。它是人類的心，是我們內在的英雄居住的地方。

體育運動那豐富的織錦，是用英雄的線編織而成。從心開始的競賽，人們克服逆境、戰勝困難，或將這些競賽帶往一個新的水準。有些故事讀起來像童話，我們稱之為《灰姑娘》。一九九五年，庫特·華納在愛荷華州為食品雜貨裝袋，工資每小時五點五美元。五年後，他當上MVP，並帶領團隊打贏超級盃。他白手起家的故事，就像瑪麗亞·凱莉（Mariah Carey）的〈英雄〉（*Hero*）一樣鼓舞人心，我每次結束訓練課程時，都會給學生們播一次。

《天生好手》（*The Natural*）作者伯納德·馬拉默德（Bernard Malamud）說，**如果沒有英雄，我們不會知道我們的一生能走到多遠**。「如果我能成為任何人的希望泉源，」華納接受超級盃MVP提名後說：「我會很自豪成為其中一員。」

競技體育可以激發人們最好的一面。這些人不滿足於現況，而是克服了自我懷疑和恐懼。他們讓自己的光芒閃耀，他們找到了勇氣（與氣餒相反），並挖掘自己的潛能。回想一下這種時刻。你記得自己成為英雄的時刻嗎？當時你表現出你認為自己沒有的心境、勇氣與無畏。

我喜歡賽迪・貝爾（Thad Bell）博士的話，貝爾是南卡羅來納大學醫學院（University of South Carolina medical school）的副院長，他曾是全球超過四十歲的最快跑者，他說：「如果你願意努力，並相信自己能做到，你幾乎就能克服任何障礙……我希望每個人都記住：**凡人也能成就超凡的事**。」

英雄不是模造出來的，英雄有各種體型、體態、年齡，而且他們就在各行各業。我在職涯中最低潮的一段時期，看見了一幕電視採訪，畫面中的是一個即將有望參加奧運的選手，但她在車禍中斷了一條腿。她在悲痛過後，立志成為世上最頂尖的單腿滑雪運動員。我於是不再為自己感到難過了。

珍・德蕊絲珂兒（Jean Driscoll）曾六次獲得波士頓馬拉松賽（Boston Marathon）輪椅組冠軍，她在《每個人心中的英雄》（*A Hero in Every Heart*）一書中，提到自己應柯林頓總統邀請，兩人一起「慢跑」。其中寫道：「他對我說，我的手臂是全美國最美麗……事實上，他給我的簽名寫著：給珍，全美國最美麗的手臂。有些人認為成功是天生的。我要在這裡讓大家知道，**冠軍就是那些從馬上摔下來，又再度回到馬上的人**。成功的人從不放棄。」

大多數英雄不會成為晚間的新聞台上，也不會出現在體育版。這世上罕有艾爾伍德．韋爾（Elwood Ware）的這般精神，這個七十歲的農民從山核桃樹上掉下來。四小時後，他的兒子找到他時，他已經失去了知覺，他摔斷了一條腿和五根肋骨。他後來有半年的時間都拄著拐杖。這位農民有六個月都拄著拐杖，但後來他在德州長者運動會（Texas Senior Games）上，盡力把鐵餅擲遠，韋爾先生的年齡與生活困難都變得無關緊要。「我能不能贏都沒關係，」這位七旬長輩炫耀著他的銀牌：「重點是，我試過了。」

希絲．娃爾克（Sis Warnke）是個退休老師，六十二歲之後開始跑步。在七十八歲時，這位來自新墨西哥拉斯克魯塞斯市（Las Cruces）的婆婆在亞利桑那州長者奧運會上穿著運動鞋現身，她頭上的帽子體現了她的精神與幽默：「衝吧！即使……」那句話是這樣寫的：「你已經活到變成你孩子的問題了。」希絲參加了四百四十、八百八十，以及一千五百公尺的項目。

保羅．衛斯特法爾（Paul Westphal）在成為NBA教練之前，他在鳳凰城的一所小型聖經學校——西南學院（Southwestern College）找了一份工作。這所學校沒有體育館，他面試時問校長，學校是否有籃球選手，校長微笑著告訴他，剛才在大廳裡與他擦身而過的就是。衛斯特法爾回憶道：「我以為那是網球隊，全都是大概一百七十五公分的白人。」其中一人是後補球員，名叫提姆．富爾茲（Tim Fultz）。

富爾茲在團隊裡有兩個原因。首先，衛斯特法爾不會裁掉認真練習的隊員，而沒有人比富爾茲更努力。再者，這個團隊需要交通工具，而富爾茲有輛老爺車。

這個賽季，西南學院在與亞利桑那聖經學院（Arizona College of the Bible）的再次對決中結束。如果西南的老鷹隊勝利，就能拿到全國錦標賽的門票。比賽後段，衛斯特法爾的兩名先發球員因犯規而出局。比賽還剩四十秒，衛斯特法爾別無選擇，只能派富爾茲上場。

不出所料，對方球隊立即對這名缺乏經驗的替補球員犯規，讓他站上罰球線。富爾茲兩罰都沒進，然後再一次犯規，又失去了兩罰的得分機會。比賽剩下十秒時，西南大學的領先優勢縮小到三分，猜猜誰又被犯規了？

富爾茲走上罰球線，心臟怦怦直跳著。第一顆，進了；第二顆，漂亮。那天晚上，球隊與球迷高呼他的名字，正個團隊把這個英雄人物扛上肩。這個年輕人是牧師之子，後來成為薩伊的傳教士。後來他在為一座新教堂蓋屋頂時，從十公尺高的地方跌下來，摔死了。富爾茲的心臟捐贈給一個非洲人，現在正在胸口裡跳動著。

運動領域有許多英雄，這個世界也是如此。成長並發揮你的全部潛力，需要你的十足勇氣。

8 贏家的風度，運動家的精神

「運動成就了許多事。它給了我自信、自尊、自律與動機。」

——米婭．哈姆，世界足球小姐

「成功的競爭者想贏；蠢人則為了贏無所不用其極。」

——南希．洛佩茲，高爾夫好手

已故達拉斯牛仔隊前教練湯姆．蘭德里說，運動是偉大的導師，我完全同意這個說法。體育的世界既是教室，也是實驗室。我們透過競爭，從小就懂得訓練、實踐與紀律的價值，以及公平競爭的意義。運動培養我們的毅力，也教會我們應對逆境、成為團隊願景與集體目標的一員。運動也在領導力、尊重與勇氣上也有教育意義。

與生活中其他籠統的領域不同，運動領域有計分板、時間限制、規則，還有公平的比賽場地。當傑基．羅賓遜打破了大聯盟的膚色界線時，前球隊高管布蘭奇．瑞基提醒個未來明星，棒球的分數是公平的——分數不會說明你有多強大、你參加什麼教會、你的膚色，或是你父親上次選舉投給誰，**分數只說明了你在那一天是怎樣的運動員**。

心臟科醫師兼跑者喬治．席翰（George A. Sheehan）將體育比作戲劇：「在此，罪人可以變聖人，凡人也能成為超凡的英雄……體育運動尤其能帶來最佳體驗，讓我們感覺與世界合而為一，超越一切衝突，最終顯現我們自己的潛能。」

從娛樂的角度，運動就是要盡你最大努力，然後享受其中樂趣。不幸的是，許多教練、父母、甚至年輕的運動員（他們會從成年人那裡得到資訊）往往會忘記競爭的目的。他們把職業體育當作商業行為（將輸贏轉化為金錢），因此看不見全貌。年輕教練會模仿大聯盟的教練，對著孩子們吼叫，憤怒時就直跺腳。他們的行為，看起來像是小聯盟執教是他們的生計。他們忽略了在這個層面上最重要的東西——**成功並非只用輸贏衡量**，而是年輕球員的個人成長與發展。

前牛仔隊四分衛羅傑．史道巴克（Roger Staubach）說：「有一種教練，他能接受輸贏、能接受排名第一或墊底，並祝福團隊所做的努力——在所有青少年體育項目中，只有這樣的教練才能帶來成功。」但有多少教練做得到？有些教練和家長的行為讓人不解——究竟是他們還是十歲的孩子比較成熟？

在德州阿爾文市（Alvin），即諾蘭・萊恩的家鄉，有個警官是小馬聯盟球隊（Pony League team）的助理教練，該隊專為十三、四歲的青少年設立。這個警官因為在本壘與裁判爭論而被驅逐出場。他回家之後，套上警察制服，再回到球場，等待比賽結束。當裁判開車離開，這位警官卻把他攔住並開了罰單，原因是沒有亮燈號。這位警官由於這個事件被降職，並緩刑六個月。那位裁判後來說：「這在棒球比賽中，實在太幼稚了。」

這位警官兼教練應該要和我一起參加去年夏天在日本舉行的親善棒球系列賽（Goodwill Baseball Series）。在亞洲，對比賽表示尊重相當重要，高中的選手會對裁判鞠躬，也對場地鞠躬，因為那是個神聖的時刻與空間。今天我們常會聽到孩子說：「別不尊重我。」而如果棒球比賽或其他運動項目會說話，那它們可能也會表達一樣的心聲。可悲的是，我們已經遠離了文明、良善的運動家精神。

一項對佛羅里達州五個郡內的五百名成年人的調查顯示，有八成二的人認為，家長在青少年運動方面的反應過度激進。北卡羅來納州（North Carolina）有個小選手的母親，被控在比賽結束後，毆打了一位青少年裁判；克利夫蘭市（Cleveland）有個父親在足球場上，痛扁了一名十五歲男孩，他說他的兒子被這個大個子欺侮。在麻薩諸塞州，有兩個十歲冰球選手的父親在比賽中大打出手，其中一個頭部受傷死亡。在佛羅里達州朱庇特市（Jupiter），有個體育協會要求成年人也參加運動家精神的課程。這些家長被要求觀看一段十九分鐘的影片，內容關於青少年運動員的家長角色與責任，他們還簽署了一份道德守則，承諾自己會在比賽中表現良好。

美國人對勝利相當癡迷。在美國社會裡，如果你沒有贏，那你就是敗將。就是一事無成。球迷是冷酷無情的，在別稱「友愛之市」（City of Brotherly Love）的費城，據說運動迷都非常強悍，如果當地球隊不在城裡時，他們就會去機場詛咒飛機失事。

當你最愛的陣營贏了，你會精神百倍，甚至連食物都變得更加美味。球評約翰・馬登（John Madden）說得真好：「勝利是很好的除臭劑，贏的人什麼都是香的。」我在亞利桑那州立大學（Arizona State University）讀研究所時，社會心理學的學生會去計算在美式足球比賽後，計算戴帽子、穿著運動衫，以及運動衫印有我們校徽的人數。他們發現，在我們的太陽魔鬼隊（Sun Devils）獲勝後，穿著校服的球迷人數，比輸球時高出三到四成，這個現象在心理學上稱為「沾光效應」（BIRG）。

我們需要重新定義勝利，文斯・隆巴迪說勝利不是一切，努力獲勝才是。**贏家是當他在離開比賽，知道自己已經盡了最大努力，而不去考慮位置、排名或地位。**「第一個越過終點線，只會讓你成為人生某一階段的贏家。」前奧運田徑金牌得主拉爾夫・波士頓（Ralph Boston）說：「**真正重要的，是你越過那條線之後所做的事。**」

我們也需要重新審視職業體育界的各種訊息。國家冰球聯盟聲稱無法容忍暴力，但如果把場上的攻擊行為搬上街頭，就已經構成犯罪。NFL對前亞利桑那紅雀隊安全衛查克・塞西爾（Chuck Cecil）判罰三萬美元，因為他在與華盛頓紅人隊的比賽中，曾兩次用頭盔打對手，做出「公然且不必要的暴力」行為。然而每一個賽季，NFL的影視製作公司都會剪輯球員猛力衝撞的畫面，甚至做好配樂，美化這些暴力。

精彩的必賽，對你而言的意義是什麼？

沒被逮到的行為，是否就不算作弊？在比賽中造成傷害是正確的嗎？你對運動的哲學決定了你的競爭方式。

對於競賽：全力以赴、動作乾淨、公平競爭，展現最棒的你。

9 自我隔絕，做好迎戰心態

「在投手丘上，跟在街上的我完全不同。」

——諾蘭・萊恩，名人堂投手

「我甚至不會在比賽當天打電話給朋友，我怕這會干擾我的專注力。」

——克里斯・艾芙特，網壇紅土女王

比賽開始前五個小時，這是在春末一個天氣晴朗的下午，有位孤獨的人獨自坐在安那罕天使球場（Angel Stadium of Anaheim）本壘後面的看台上。我穿過右外野區修剪整齊的草地走向他，我覺得這裡實在靜得出奇、靜得美妙，與我上次在球場上看紅雀隊與公羊隊對決時完全不同。當時是一個令人難忘的週日下午，席上充滿了喧鬧的群眾，我站在場邊能聽見各種嘟囔、猛烈拍打墊子的聲音，以及紅雀隊特別球員羅恩・沃爾夫利的叫喊，他兩隻眼睛下面都塗上黑色油彩。他離開球場時，情緒近乎瘋狂。「忘了裁判！」沃爾夫利呼嘯嘶吼：「這裡只有野蠻的叢林法則！」

幾個月後的今天，我越過球場，爬上了體育館的台階。那個穿著制服褲子和T恤的男子示意我在他旁邊坐下。

西雅圖水手隊的經理吉姆·拉斐爾，他默默地坐在那裡，享受著這一切——溫暖的陽光，完美的鑽石幾何形球場，還有這份寧靜。「麥克，你聽這有多安靜，」拉斐爾說：「它就像教堂，像寺廟。」

坐在那裡，我想起了電影《百萬金臂》（*Bull Durham*）中安妮的獨白：「我相信棒球之教堂，我接觸過所有主要宗教和大多數小宗教——我崇拜佛陀、阿拉、梵天、毗濕奴、濕婆、樹木、蘑菇和伊莎朵拉·鄧肯[1]，我知道一些事情……例如天主教玫瑰念珠有一百零八顆，棒球上有一百零八條縫針……我都已經摸索過了，唯一能真正日復一日滋養靈魂的，只有棒球之教堂。」

1 伊莎朵拉·鄧肯（Isadora Duncan）為美國舞蹈家，現代舞的創始人。

拉斐爾凝視著球場，目光橫掃空盪盪的看台，「這個地方有它的節奏，就像心臟跳動。怦怦。」他模仿心跳聲，配合著右手的抓握，「四十五分鐘之後，我們的團隊會上場進行打擊訓練，然後商販紛紛現身，怦怦，怦怦，接著球迷湧入，另一支球隊也會報到，你可以看到他們在那邊的休息區，怦怦，怦怦，怦怦。」拉斐爾的手不斷抓握，速度越來越快。「然後燈亮了，裁判走上球場，國歌響起。」在他的心像之中，他能看見、能感受到這幅景象，正如他感覺到自己的脈搏一樣。棒球比賽是活生生的，有自己的呼吸。

這種競賽雖然無關生死，但被稱為沒有死亡的戰爭。比賽當天，加入競爭的運動員的心跳加速，戴上了「比賽的面具」，我在所有比賽都見證這一幕。對某些運動員來說，這種轉變簡直是化身博士的等級。舉止溫和的足球女神米婭·哈姆將自己的比賽日心態，形容成「鬥士精神」。

漢克·阿倫說，最重要的是一個人如何準備戰鬥。準備的方法因人而異。博·傑克遜（Bo Jackson）是我所見過最頂尖的運動家，他的談吐相當優雅。我曾在鳳凰城與他一同訓練，當時他由於在ＮＦＬ受傷，正在做臀部復健。傑克遜把他另一個自我取名為傑森——那個在電影《十三號星期五》(*Friday the 13th*)中無法消滅的邪惡力量，他說：「我不讓他越雷池一步，除了秋季的星期天。一到星期天，當我戴上頭盔打球時，我就會把他放出來。」

前底特律雄獅隊(Lions)的大將艾力克斯・卡拉斯(Alex Karras)在比賽日表現出了非凡的形象，成為了神話中的伐木巨人保羅・班揚(Paul Bunyan)，他說：「我早上在飯店房間醒來，我告訴自己，『保羅，我們今天下午要打一場比賽，我們要把他們那邊的木頭砍掉』。我感覺自己正在膨脹。」

亞利桑那紅雀隊前總經理賴利・威爾森是一個木訥、斯文的人，光看他的外表，沒有人猜得到他是職業美式足球史上最強悍的得分王。他身為名人堂成員，發明了安全衛閃電突襲戰術。有一天我問他星期天比賽如何，他說：「我在比賽那天，我的心再次回到了牧場，用拳頭趕牛……如果有人來我牛在的牧場，他們就是要偷我的牛。這些人會受懲罰，然後再也不敢回來。」

在NFL，球員們在週一看電影，週二休息，週三聽教練制定比賽計畫，到週五，**他們則會開始灌注精神，他們開始斷絕自己周圍的世界，專注於即將在週日到來的比**

賽。有些人在比賽前兩天入住飯店，他們太興奮了，完全不想待在妻小旁邊。

比賽日當天，不少職業運動員會戴上墨鏡和耳機，放音樂聽，這樣能幫他們跟外界隔絕。音樂有助於激勵或平靜，而音樂風格跟整個團隊的成員一樣變化多端：爵士、宗教、搖滾或饒舌。早在觀眾打開電視觀看NFL的比賽之前，這些鬥士早就在精神與情感上準備好迎戰。許多人早早進入體育場，在場上四處漫步，這種行為被稱為「放牧」。

有些人在宗教禮拜中找到力量和安慰。鳳凰城太陽隊在NBA總決賽中對上芝加哥公牛隊（Bulls）時，查爾斯．巴克利走進了太陽隊的運動會館，發現裡頭空無一人。他知道隊友們正在另一個房間裡舉行賽前祈禱儀式。巴克利拿起了簽字筆，在留言板寫下了他的比賽日神學：「天助自助者。」

偉大的運動家在生活之中努力保持平衡。在比賽日，他們變成了心智的鬥士，他們知道該何時、該如何釋放，而比賽結束時，他們也知道要如何收回。

燈一亮，就是表現的時刻。

做好心智、身體與精神上的準備，與你所擁有的一切投入競爭，如此一來，比賽結束時你便能毫無遺憾地離開。

10 成功人生的5L守則

「比賽結束後，我只想看著鏡子裡的自己，看是贏或輸，並且知道我把所擁有的一切都呈現在鏡中。」
——喬・蒙坦拿（Joe Montana），王牌四分衛

「對得起自己，是一塊最好睡的枕頭。」
——約翰・伍登，傳奇籃球教練

十九歲時，這位奧克拉荷馬州商業市（Commerce）引以為傲的人物，他穿著平價西裝，帶著一個硬紙板手提箱來到了這座大城市。他有《天生好手》那種發達的肌肉。他可以做到這一切，而他做到了。他打出多支觸擊短打。在一九五六年世界大賽中，把吉爾・霍奇斯（Gil Hodges）飛到左中外野的球攔下，拯救了唐・拉森（Don Larsen）的

完全比賽；他還打出五百六十五英尺的特大號全壘打。他成為棒球史上最偉大的左右開弓打者。他是背號七號的洋基隊選手——是美國的偶像，也是我少年時代的英雄。

在紐約長大時，我稱他為米奇，好像我真的認識過他。我在打擊區兩側模仿他揮棒；當時所有小孩都會搶著收集他的棒球卡。我還有一個他親筆簽名的球，那是在他顛峰時期簽的，當時各種年齡層的球迷都崇拜他，之後，傷病和手術把他搞垮了。

無論從任何標準，米奇．曼托（Mickey Mantle）是一位非常成功的運動家。但曼托是個酒鬼，在他為紐約洋基隊效力的第二個賽季春天，他的父親因霍奇金氏淋巴瘤（Hodgkin's disease）辭世後，他開始酗酒。四十二年來，曼托酒癮成性，戕害了他的身體。身為丈夫和父親，他失敗了。他在宴會和酒吧裡，曼托老是說著一句讓人發笑的台詞：「早知道我會活得這麼久，我會把自己照顧得更好。」

但這笑話一點都不好笑，酒精損害了他的肝臟，可悲的是，曼托最耀眼的勝利是在他的生命晚期。他踏進貝蒂福特中心（Betty Ford Center）並戒酒清醒過來，這簡直是奪下世界大賽冠軍，而他最重要的全壘打就是與家人重新建立關係，正如他在癌症病逝前十五個月告訴《運動畫刊》的那樣：「我會花更多時間跟家人在一起——向他們展現並告訴他們：我愛他們。」

我不僅是績效教練，還是私人顧問。我看過後台的運動員，他們卸下防備、遠離掌聲，沒有聚光燈的刺眼光芒。有些職業運動員在公眾面前的形象渾然天成，但他們實際上卻過著不快樂的生活。體育英雄也是人。我少年時代的偶像有弱點。雖然曼托的故事令人感傷，但從觀看其他運動明星——他們身為運動員、身為普通人的成長故事，讓我體會到快樂與滿足。我最喜歡的成功故事，是小葛瑞菲。

我從一九八七年起就認識小葛瑞菲和他父親了。西雅圖水手隊在第一輪選秀中，從辛辛那提市的默勒高中（Moeller High School）選上他時，小葛瑞菲才十七歲。他在兩年後發跡了，身為是上最偉大的球員之一，小葛瑞菲通過了我要求所有運動員進行的測試——我也要請讀者們一起參與——鏡子測試。前NFL教練約翰·麥凱伊說：「我非常相信鏡子測試。我的意思是，你根本不該擔心球迷或媒體，也不該是著滿足其他人的期望。最重要的是，**你能否看著鏡子，對眼前的人誠實地說，你已經盡力了？**」

小葛瑞菲看著自己的樣貌，享受著隨之而來的內心平靜。他說：「我只要照鏡子，就會知道我已經盡力了，而這就是我在乎的。」

以下是我喜歡的一段詩：

當你拼死力爭，得到你所想望，
世界允許你當一天國王，
只管走向鏡子，看看自己，
看看那人有什麼話要說。
隨著時光流逝，你或許騙過了世界，
周遭的人都拍拍你的後背，
但你最終的回報卻可能是心痛或眼淚——
假如你騙了鏡中之人。

哈佛大學的學者合作進行了一項研究，目的在於定義「成功人生」的要素。他們根據結果建立了一份名為「5L」的成功守則，請參考以下：

成功守則1：愛（Love）

對於表現者來說，愛是成功最基本的要素。如果你不愛自己的運動、不愛對自己很重要的人，那你就不算活著，而充其量只是在呼吸。正如前奧運冠軍花式滑冰冠軍佩姬・佛萊明所言，最重要的是熱愛你的運動。永遠別只為了取悅他人而競爭。「你必須熱愛你所做的事，」頂尖曲棍球員戈迪・豪（Gordie Howe）說：「如果你喜歡這件事，你就能克服任何障礙、疼痛，以及所有的痛覺。」前大聯盟球星奧茲・史密斯則說：「現在我已經退出了，但我知道我能投入我所熱愛的運動，究竟有多麼幸運。」執教芝加哥小熊隊時，前明星吉米・皮爾索爾（Jimmy Piersall）表示，他每一次春訓開始之前做的第一件事，就是重新愛上球員和比賽。

成功守則2：勞動（Labor）

有人說，如果你從事自己喜歡的事，那你就沒有一天是在「工作」的。但成功沒有捷徑，成功建立在奉獻與和努力的基礎之上。人稱「紅衣主教」的塞爾提克隊（Celtic）

傳奇教練，認為球員的職業倫理與才華同樣重要。他詢問球員的打球習慣，問他們如何回應教練？他們如何提升自己的才能？奧拜克說：「拿賴瑞．柏德來說。他速度不快，也不夠高，但他工作再工作、投籃再投籃，他為每一件事設定了內在的目標——每一週、每一個月，到整個賽季。」

成功守則3：學習（Learn）

前大聯盟強打者法蘭克．霍華德（Frank Howard）說，棒球的問題在於，當你學會如何打球時，你就無法再打了。其他運動也是如此。NFL名人堂成員丹．福茲（Dan Fouts）就把運動員的職業生涯比作正義的天秤，他說：「天秤左側堆滿了體能天賦，右邊堆滿了頭腦心智。當你剛起步時，體能是滿的，但精神是空乏的。然後當你繼續前進，當你的身體狀態惡化，而心智能力成長時，平衡就會轉移到心智上。令人沮喪的是，你可以看見你的身體正在老化，但同時，你卻更懂競賽的訣竅。這是我一直以來的感覺，尤其是過了我職涯的中期。我覺得自己無法一直打下去，但我每天都學到更多事。」**我告訴年輕運動員，他們應該從別人的錯誤中學習，因為他們沒有時間去**

一一**經歷所有錯誤。**經理婁．皮涅拉則告訴球員們，他們必須記取自己的錯誤，然後再把它們忘掉。

成功守則4：歡笑（Laughter）

別讓競爭扼殺你的興趣。體育的背景音樂，有一部分就是笑聲。有人問前球隊經理懷特．赫茲格（Whitey Herzog）如何在事業上成功，他回答：「幽默感，加上一個好牛棚。」約翰．麥凱伊在某次尷尬的失敗之後，被問及他的球隊的表現，他面無表情地說：「我全力以赴。」在一九八八年賽季中，西雅圖水手隊總教練布萊恩．普萊斯（Bryan Price）帶領備受看好的伊萬．蒙塔尼（Ivan Montane），後者是表現不穩定的強投。這位古巴投手戴著一條骨頭項鍊，普萊斯命令蒙塔尼拿掉那個護身符時，投手警告如果要這樣搞，普萊斯就死定了。而普萊斯的回答他：「我不怕死，但如果你又投爛了，我倒是怕被炒魷魚。」生活如此重要，重要到不能嚴肅論之。如果你學會自嘲，將能享受一生的快樂。

成功守則5：豁達（Leave, or let go）

「我知道一場比賽表現得好或壞，都不代表我這個人，」查爾斯．巴克利說：「我從來不相信批評我、崇拜我的人，而總是能夠在賽場上離開比賽。」前球隊經理斯帕基．安德森（Sparky Anderson）則警告我們，**勝利可能會變成一種不健康的癡迷心態**：「關鍵在於要意識到這點——你付出了最大努力之後，就已經沒有什麼能付出了……無論輸贏，競賽都已經結束了。是時候該忘記、並為下一次做準備。」要熱愛比賽、熱愛你的工作，但不要整個人送給它們。

我在小葛瑞菲的生活中看到了這5L的成功守則。他熱愛棒球；他努力工作；他樂在學習、是比賽的學徒；他得到樂趣；而雖然他穿了十一年水手隊球衣，但他最終能選擇離開，來到辛辛那提紅人隊，在他長大的城市裡繼續他的職業生涯。

人生的成功是心境的平和，沒有半點遺憾。而這一種感覺，來自於你知道自己已盡了最大努力。每個人最終都會告別你的賽場。想像一下，你正在參加一場紀念你結束比賽生涯的晚宴，這或許是你要從高中或大學畢業，又或者是你要從職場上退休。或許你只是個週末才打比賽的人。那個宴會上，你的朋友與你所有的教練、前隊友、對手們都會出席。他們每一個人都站起來說幾句話，關於你這個人，還有你競賽時是如何。

他們會說什麼？

你又希望他們說什麼？

成功，來自於當你知道自己身為球員與個人，在場上場下都盡了最大努力而帶來的平靜。

當你離開競爭，你希望人們如何記住你？你如何對成功下定義？

11 「戰勝自我」的美好信念

「我證明了一件事：一個普通人如果努力工作、鍥而不捨，也能成就偉大的事。」

——奧勒爾．赫西瑟，棒球名人

「我或許會贏、也或許會輸，但我永遠不會被打敗。」

——艾米特．史密斯（Emmitt Smith），NFL名人堂成員

由於腳傷，馬克．麥奎爾錯過了一九九三與九四年的大部分賽季。這兩年來他一年只打了九支全壘打。這位當時效力於奧克蘭運動家隊的巨砲在第二年春季再次受挫，他懷疑棒球之神是否在給他暗示。他對未來感到沮喪和擔憂，他向家人和朋友尋求建議。他們鼓勵他至少再等一年。

如果那時馬克·麥奎爾放棄了，想像一下我們所有人會失去什麼？麥奎爾永遠不可能在他父親六十一歲生日那天，創下單季第六十一支全壘打紀錄，與全壘打王羅傑·馬里斯（Roger Maris）齊名寫在職棒大聯盟紀錄簿上；他也永遠不會與聖路易斯紅雀隊的球童（麥奎爾十歲的兒子）共享這段記憶——因為當馬克·麥奎爾跑回本壘時，他兒子麥特站在打擊區旁邊，等待著父親的擁抱。多麼美好的一刻，他們一家三代因全壘打而世代相連。

如果麥奎爾放棄了，他就永遠打不出第六十二支。這個壯舉讓他太激動，甚至忘了少棒隊的第一條規則：每一個壘包都要碰到。他因為興奮而錯過了一壘，於是他回到場上，踩一壘、二壘、接著三壘，然後跑回本壘。那天晚上，麥奎爾締造了體育界最負盛名的記錄，他不但碰到壘包，也觸動了所有的人。

如果麥奎爾放棄了，這個棒球鋼鐵人就不會在一九九八年那個神奇賽季的最後四十四小時，多打出五支全壘打。在最後的打席之前，他站在圓形打擊準備區內，閉著眼睛，吸收能量。然後他走到打擊區，打出第七十號。大家都說這一支價值連城。但你要如何為這些事情標價呢？這個英勇夏季，以及這對比賽、球迷與全國的影響。

馬克・麥奎爾說了：「我簡直不敢相信，你呢？」

麥可・喬丹十幾歲時的目標，是進入高中籃球隊。他今日仍然能看見當時的自己——一個焦慮的高二生，在他期待已久的那一天，教練把印好的球員表格張貼在體育館。入選的學生會在上面，落選的不會。

喬丹的目光搜索著這份名單，他用手指仔細查找依序排列的名字。他發現自己不在上面，他的心沉了下去。那天放學後，喬丹回到家，把自己關在房間裡，痛哭流涕。所幸決心克服了失望，這位瘦弱的青年拒絕承認自己不夠好，他不罷休。如果當時他放棄了，我們就不會有幸見證這位籃球史上最偉大球員贏得ＮＢＡ總冠軍和ＭＶＰ頭銜，並在奧運舞台上帶領「夢幻隊」奪得金牌。

藍斯・阿姆斯壯還記得醫生告訴他壞消息那一刻。一九九六年，這位自行車手被告知罹患睪丸癌，而且已經擴散到他的腹部、大腦與肺部。

他告訴朋友：「我第一個想法是『哦！不，我的職業生涯有危險了』。然後他們還一直發現有新的毛病，於是我把事業拋到腦後，我更擔心還能不能活到下一次生日。」

阿姆斯壯接受了四輪的化療，並進行切除腦瘤的手術。令人驚訝的是，在醫生宣判他的存活率只有四成之後不到三年，這個二十七歲的德州人就騎著自行車，穿越法國、阿爾卑斯山與庇里牛斯山。他彎著腰幹，騎著自行車在三千六百八十公里的路程中領先，穿越了歐洲最極端地形。在豔陽下、在雨中、在山上、在山谷之間。

有些爬坡跟足球場的台階一樣陡峭。他邊比賽邊進食，他啜飲著補充飲料，就像吸著餵食器的蜂鳥一樣。他在意志力推動之下，化身為一台縫紉機，每天燃燒六千卡路里。

環法自行車賽是世界上對人類耐力的最大考驗之一。這項競賽，被比作連續二十天跑馬拉松。阿姆斯壯並不需要獎杯來證明他是第一，但他在一九九九年獲得了第一座獎杯[1]。在比賽的最後一天，他身披美國國旗抵達巴黎，受到眾人的歡呼。但更重要的是，阿姆斯壯是鼓舞人心的生存象徵，他的故事是肯定生命的故事，且將持續下去。他在第二年重複了這一壯舉。

我與運動員與執行者合作時，我都會提醒他們，**我們沒有人知道未來對任何人的影響，那既然如此，為什麼不表現得你的未來很美好呢？**設定你的目標，盡力工作，雖然積極思考並不一定會實現，但不幸的是，消極思維卻幾乎都會實現。

在本書中，我們討論了一些世界上著名的運動家。然而，大多數冠軍並不出名。他們不是《運動畫刊》的報導人物，也不曾接受過ESPN採訪，相反地，他們就在我們身邊，他們無處不在。

愛達．道森（Ida Dotson）已經兩歲大了，她父母才懷疑好像哪裡不對勁。檢查發現這個來自亞利桑那州湯姆斯通市（Tombstone）的孩子聽力受損。艾達四歲時，她的父母開車去了圖森，將她安置在亞利桑那聾啞學校（Arizona School for the Deaf and Blind），之後她在學校裡度過了十年。

愛達高二時希望能上公立學校，所以她報名入學湯姆斯通高中（Tombstone High）。她不知道如何與其他三百個學生溝通，他們不懂手語，愛達擔心自己不被接受，但他們接納了她。

她聽不到樂隊演奏或啦啦隊的歡呼聲，沒有人能告訴愛達失聰算不算障礙。但她加入了女籃校隊努力練習，她戴著助聽器，從裁判的哨子聲偵測到震動，成為了學校

1 目前該項記錄已被取消。

裡得分最高的球員和隊長。愛達高三時率領校隊攻進州賽的準決賽。

本書最後這一課是最重要的。**別讓你的恐懼阻擋你的夢想，別讓你不能做的事打斷你能做的事。**

最大的勝利就是戰勝自己。

記住：任何時候放棄都嫌太早。

一起來　思 020

心像練習：解鎖心流、超越天賦的致勝心理學

Mind Gym: An Athlete's Guide to Inner Excellence

作　　者　蓋瑞・麥克 Gary Mack、大衛・卡斯蒂芬斯 David Casstevens
譯　　者　吳郁芸
主　　編　林子揚
編輯協力　吳昕儒

總 編 輯　陳旭華
電　　郵　steve@bookrep.com.tw
社　　長　郭重興
發行人兼出版總監　曾大福

封面設計　陳文德
內頁排版　宸遠彩藝
出版單位　一起來出版／遠足文化事業股份有限公司
合作出版　美商麥格羅希爾國際股份有限公司台灣分公司
發　　行　遠足文化事業股份有限公司 www.bookrep.com.tw
23141 新北市新店區民權路 108-2 號 9 樓
電話｜ 02-22181417　傳真｜ 02-86671851

法律顧問　華洋法律事務所　蘇文生律師
初版一刷　2020 年 8 月
二版二刷　2022 年 4 月
定　　價　400 元

國家圖書館出版品預行編目 (CIP) 資料

心像練習：解鎖心流、超越天賦的致勝心理學 / 蓋瑞 . 麥克 (Gary Mack), 大衛 . 卡斯蒂芬斯 (David Casstevens) 著 ; 吳郁芸譯 . -- 二版 . -- 臺北市 : 麥格羅希爾 ; 新北市 : 一起來 , 遠足文化 , 2021.11
面 ;　公分 . --（一起來思 ; 20）
譯自 : Mind gym : an athlete's guide to inner excellence
ISBN 978-986-341-477-3(平裝)

1. 自我實現　2. 成功法

177.2　　110016164